キャンプと楽しむ釣り入門

Fishing × Camping

つり人社

目　次

Chapter 1

釣りキャンプのススメ

Chapter 2

釣り解説・淡水編

Chapter 3

釣り解説・海編

釣り場で役立つ「結び」

装丁　神谷利男デザイン株式会社（神谷利男・坂本成志・發知明日香）
釣りの仕掛け図　石井正弥
協力：奥本昌夫・葛島一美・吉田　孝

Chapter 1

FISHING × CAMPING

釣りキャンプのススメ

癒しと情熱、極上の時間

テキスト・写真　奥本昌夫
Text Photo : Masao Okumoto

針葉樹に囲まれた林間の静かなキャンプ場。不便な場所にあるだけに訪れる人も少なく、渓流釣りのベースキャンプには申し分ない癒しの空間

釣りキャンプな一日

そこは針葉樹の森に囲まれた静かな川沿いのキャンプ場。奥は大きな山脈で行き止まり、行き交う人も少ない。木立の向こうには渓流があって、昼も夜も川のせせらぎが聞こえてくるようなそんな安らぎの場所。

青く透き通った流れは、見るだけでも心を安らかにしてくれる。だがそこにあるのはそればかりではない。川の水に溶け込んだ青い背の渓魚。まるで精霊のようなヤマメ、岩の分身のようなイワナ、そしてひと際大きな影を持つニジマス……。ときおり水面に浮かんできては、流れてくる小さなエサをついばむように食べている。その姿は、いわば自然の姿を映し出すような存在。あの魚たちと戯れるために、釣りという遊びはあるのだ。

キャンプから出掛ける釣りは格別だ。自然を愛するキャンパーなら、誰でも自然の中で過ごす素晴らしさを知っている。そしてそこに釣りを加えたなら、その世界をさらに広げてくれることに違いない。

なぜなら、自然そのものである魚たちを相手に、自らイトを垂らす釣りという行為

1 ゴージャスなグランピング風のフィッシュキャンプ・ベースメント。多様なキャンプスタイルを作り上げ、自ら釣りキャンプを盛り上がるように演出する　**2** 青い流れと広い渓流で集中力を高めるマス釣りの一コマ。清々しい風景と一尾の魚を追い求める情熱が、釣りキャンプの原動力　**3** 野性味あふれる大きなニジマスは大きな渓流の最高のターゲット。フライフィッシングでは水から出さずに生かしたままリリースするのが前提

は、自然と直接結びつくための遊びそのものだからだ。

満天の星空の夜を過ごした翌朝、高原の涼しげな朝日を浴びながら、コーヒーを淹れる。染み入る挽《ひ》きたてを飲みながら、今日の釣りについて考える。

川に、美しく、大きな魚はいるだろうか。楽しく、エキサイティングな釣りはできるだろうか……。

そう考えるだけでもわくわくしてくる。キャンプだけならば、きっと静かで穏やかな時間を与えてくれただろう。だが釣りがプラスされたキャンプは、また別の感情を呼び起こしてくれる。心が躍るような感情は釣りがあってこそだ。

魚が与えてくれる手ごたえは、ダイレクトに人の心を揺さぶる。キャンプの安らぎ、そして釣りから呼び覚まされる人間の情熱は、自然が与えてくれる表と裏、さらに深く自然と触れ合うための異なる喜びと愉《たの》しみ。その両面を体験することは、人間が生きていくうえでの大きな糧となる。だからボクらは釣りキャンプに出掛ける。釣りから帰って行くキャンプはまた、穏やかな安らぎを与えてくれるだろう。

キャンプの焚火から燃え上がる炎は、見ている者の心を癒す効果がある。ソロでもグループでもそれは同じなのだ

さぁ、釣りキャンプに出掛けよう。今週は緑深い渓流、先週は澄み渡る湖水が広がる広大な湖、来月は日差しのまぶしい海岸へ行こう。

自分のキャンプを作り、自然の恵みと人間の英知を巡らせに出掛けよう。サオとイトを持って、さらに深い自然の中へ入っていこう。

グループであっても、ソロであっても、釣りキャンプの扉の奥には、もっと深遠な、自然と人との結びつきを感じさせてくれる世界が待っている。ボクたちの自分の人生を豊かにしてくれる遊びが待っているのだ。

FISHING × CAMPING

釣りとキャンプのイイ関係

釣りとキャンプはお互いに補完し合うような関係。両者のよいところを引き出して、さらに楽しくなること間違いなし。そのイイ関係について説明しておこう。

湖畔のキャンプ場なら、釣り場は目の前。魚が岸に近づく早朝と暮れのマヅメの時間帯でも、テントから出たらそこがポイントだ

第1のイイ関係は、『キャンプ地と釣り場が近い』ということ。

釣り場と野営地が近いと、まず時間を有効に使える。移動する時間が短縮されると、より重点を置きたいことに時間を割けるようになる。

たとえば、今日は長い時間を釣り歩こうとか、今日は凝った料理を作ろうとか、ゆったりと何もしない時間にしようとか、何でもいい。だから、釣りのためにだけ時間を割くというわけでもないのだ。

今キャンプを楽しんでいる人たちは、すでに多くの人がのんびり楽しむことを実践していることだろう。そこに釣りを加えるという考え方だが、釣り場とキャンプ地が近ければスムーズにつなげることができる。

また、この両方が近いと、便利なこと以上にためになることも多い。ボクが好んでやってきたフライフィッシングとキャンプでは、対象の魚が川や湖で、水面に浮いている虫をエサにすることが多い。この虫たち、夜営のランタンの光に誘われてたくさん集まってくるのだが、そのムシを拾って観察し、それを真似して毛バリを作るわけである。

「毛バリを巻く」という言い方をするが、それをキャンプ地でやることでリアリティも楽しさも倍増するのである。毛バリを使った釣りはフライフィッシングのほか、日本古来のテンカラ釣りもある。

これは釣り場の前でキャンプをするという意味ではなく、適度に近いという意味。最寄りのキャンプ場を使うのが便利かつ現実的である。釣り場そのものは、川や湖や海とさまざまだが、基本的に現代の『釣りキャンプ』はキャンプ場を利用するのがベスト。川原や海浜で自由な釣りキャンプをというのもあるが、これはトラブルの可能性もある。正確に言うと海浜や川原は国有地であり、現在でも特別な許可なく利用できる場所もあるのだが、逆に地元の自治体や近隣住民などへ知らずに迷惑を掛ける場合もある。今は時代が変わってきたのだ。それよりも現在、全国に2000ヵ所以上あるといわれるキャンプ場を利用するほうが、心穏やかにキャンプが楽しめるというもの。その中にきっと理想のキャンプ場、好みのサイトが見つかるはずである。

第2に、『出費を抑えることが可能』ということ。

基本的な道具を揃えただけでもキャンプをすることはできるし、それは釣り道具も同じこと。車での移動費用やキャンプ場の利用料だけでよい。宿泊を伴う遊びとしては、比較的安価で楽しむことができるといってよいだろう。

濡れたウエーダーをタープの脇に干して、次の釣り時間の準備。履くのも脱ぐのも釣り場の真ん前というのがいい

ただし気を付けたいのはいつでもどこでも安く済むとは思わないこと。たとえばキャンプ場の利用料はけっこう高額な場所も増え、特に都市部近郊では家族4人利用で1万円近く掛かることも珍しくはない。もちろんその分、快適でスペースも充分、混雑を気にする必要もなく、立派な設備も整っており、人気も高い。

今でも地方では比較的安価な場合も多く、釣り場近くで質素な場所ならば一張り数百円というケースもある。こうした場合はずっと安上がりにはなる。肝心なのはいい釣り場に近いことで、これは情報を目ざとく見つけるか、試行錯誤して、好みの場所を見つけることになるだろう。

2

1

1 春から夏場は水生昆虫が羽化する季節。それは魚たちのエサでもある。釣りをすると見えてくる自然の摂理でもある　**2** 羽化したばかりのカゲロウを観察して、その日に一番釣れそうな毛バリを巻く。こんな遊びもまた釣りキャンプの醍醐味のひとつといえるだろう

問題は「道具」に関して。詳しくはグッズのコーナーでも触れるが、簡単に安いものを買いすぎると、あとで買い直すことになり、結局は出費が嵩《かさ》むことになる。簡単にゴミになってしまいそうな安物買いはしないことである。資源を無駄にしないということは、現代の野遊びでは必須と考えたい。

また食事も同様だ。釣りキャンプ＝釣っ

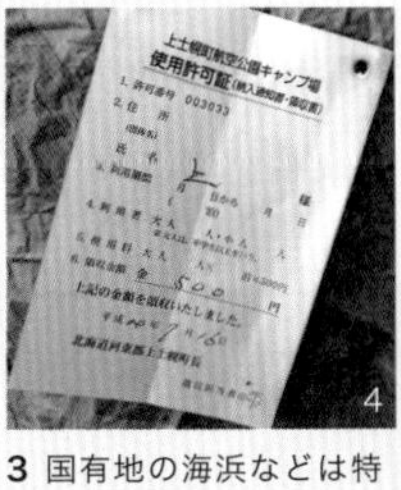
4

3

3 国有地の海浜などは特に指定がなければキャンプは可能だったが、昨今の事情で遠慮してほしい旨の看板などもある。現実的にはキャンプ場の利用が無難であり、また快適かつトラブルがないのでキャンプ場を利用しない手はない　**4** 地方自治体などが運営する場合や、国立公園、林野庁が運営する場合などは、昔から比較的安価な料金を設定しているところが多く、なおかつ、良好な釣り場は地方に行くほど見つかりやすい

1「ソロ釣りキャンプ」はベーシックな装備だけで充分に楽しむことができる。2名用テント、タープ、イスに、テーブル、ガス台や鍋や食器などを入れるコンテナ類、明かりを灯すランタンや焚火台……。林間の静かなキャンプ場は立派な癒しの空間に変わる **2** 釣りキャンプの釣りはスローなペースでちょうどいい。美しい森、高原の美しい渓流で小休止。クーラーから保冷ボトルへ移してきたアイスコーヒーを飲みながら……　**3** 小さなイワナを釣ってを楽しむ。釣果第一主義に走らなければ、小さくても数が少なくても、充分に満足できるようになるはずだ

た魚を食べるもの、と安易に考えると、えらいことになる。そもそも魚が安く手に入るなどと思って釣り場に行ったら、釣り道具や遊漁料金、車の移動費用などに思った以上の費用が掛かり、釣れないことを道具のせいにしたり、釣り人を避けて遠くに出掛けたりと、コストに見合わないことに気が付くだろう。

第3に『釣りはスローペースで充分』だということを挙げたい。これは釣りとキャンプの相性の良さでもある。

釣りに対してはユルイ気持ちで取り組むということ。あまりガツガツと釣果（＝釣れた尾数）を優先的に考えるようになると、精神的に追い詰められて、せっかくの休日に楽しめなくなりかねない。

釣りを始めて、多くの人が感じるようになるのは、釣りの世界は「釣れた、釣れない」という結果に重点を置きがちであること。だが現実的には初めのころは釣れないことの連続だろう。

その原因は、上手下手という部分も大きいが、相対的には釣りの人の数に対して魚の数が少ないからだ。世界各国との比較で言うと日本はその傾向が間違いなく強い。釣りという遊びは、釣り人が多いほど一人に当たる魚の数は減る。自然が相手である以上、魚は湯水のように湧いてくることはないのである。

魚が釣れなくて釣りをやめた、という人は少なくない。これは、釣りだけだと、当然のことながら、釣れないと面白みが半減し、目的が満たされなくなるためだ。釣れない釣りもまた釣り、というのは真実でもあるのだが、釣りがしたくて始めたのに、肝心の魚が釣れない、いるかどうかも分からない、なんてことが続くと、どうしても熱が冷めてしまう。

解決策は主に2つしかなく、誰もが行けないような魚のたくさんいる場所へ行くか、あるいは、初めから過度な期待はせずに、釣れたらラッキーと思うくらいにしておくことだ。簡単な話、釣れなければキャンプに戻って、キャンプを楽しめばいいのである。仮に釣りで不満があっても、すぐに薄らいでいくだろう。これが釣りとキャンプの最大の相性のよさと言っていい。

釣りキャンプでは、ついでに釣りをするくらいの気持ちがちょうどよいのである。さらに踏み込みたくなったら、山奥へ、海外へ、という道も残されている。これも悪くない世界だし、これからそうした人も増えていくと思うが、それなりに敷居が高いことは理解できるだろう。

また、釣った魚の扱いについても述べておこう。理屈で説明すると長くなってしまうのでここではかいつまんでおく。

釣った魚をその場でいただくというのも釣りキャンプの醍醐味で野遊びの原点ともいえるが、釣りキャンプを持続可能な遊びにするためには、資源を食いつぶすことが目的であってはならない。魚を食べるときは、釣れた魚を釣れただけ持ち帰るなんてことはせず、自然の恵みを感じられるだけ、最低限の魚を美味しくいただくように心がけるべきである。

私が楽しんでいるフライフィッシングでは釣った魚は水に漬けたまままた川に放す。思い出、あるいは証拠とする場合は写真に写す。美しい記憶となっていつまでも残るだろう

第4のイイ関係としては、『コミュニケーションが深まる』ということを挙げておきたい。これはキャンプだけの場合でも当てはまることだが、釣りが加わるとさらに輪をかけることになる。

釣りは、自分の経験した話から、旅をした話、魚の生態や、釣りそのものの技術論など、同好のもの同士なら語り合えることが多い。一緒に釣りキャンプをする仲間が、それぞれ好みが違っても、どこかに深い共感を持つことが可能な遊びなのだ。

釣りをしている最中というのは、人対魚、という一人称の遊びである。これは誰かと一緒に釣りをしていても、イトの先の魚とのやり取りはその人しか楽しめないからだ。ファイト中は、いわば孤独な世界。だからこそ、魚を釣ったあとは誰かと共有したいという願いが強くなる。こんなやり取りだったんだ、ということを人に伝えたくなるものなのだ。同じ経験をしたことのあるもの同士なら、共感はできる。

その語らいの場は釣りから帰ってきたキャンプであり、一緒に食べるバーベキューにビール、それに焚火を囲って炎を眺めているときこそ、最も盛り上がるというものなのだ。

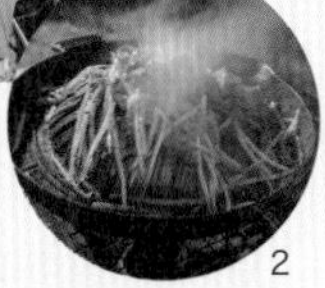
1 キャンプをしながら今日の釣りについて語り合う。同じ価値観を共有できる釣り人同士はいつまでも話が尽きることはないだろう　**2** コミュニケーションは情報の共有の場でもあるが、釣りトークだけではなく、ジンギスカンの焼き方ひとつでも話は弾むのである。これはもやしと肉を少しずつ焼ていくという、少し特殊な(?)焼き方でひと議論アリ　**3** 焚火を囲って釣りトーク。炎を眺めながらだとなぜか会話もゆっくりペースになる不思議。釣りキャンプにも焚火はあってほしいアイテムである

FISHING × CAMPING

The way of enjoying camping is not one

楽しみ方はいろいろ

キャンプにさまざまなスタイルがあるように、釣りキャンプはそれに輪をかけて、各人各様のスタイルがある。友人同士、親子、夫婦、女性、ソロ……。ここではさまざまな人たちの楽しみ方をご紹介しよう

Case. 1 オトナのオトコ釣りキャンプ

釣りキャンプに熱い世代というと、40～60代のオトナたち。この世代の方々はモノへのこだわりが強い人も多く、いわば釣りキャンプの歴史を歩いてきた人たちだ。道具へのこだわりはとても強く、経験値も高い。

そんな同好の士が集えば、似た者同士、仲よくやれる。それがオトナのオトコ釣りキャンプだ。夜はもっぱらこだわりの道具の使い方やら自慢やら、あるいは酒に釣りに異性の話にと、いろいろと盛り上がる話題にこと欠かない。

筆者の場合の同好の士となるとフライフィッシング仲間だ。今回の本でもヤマメやニジマスはキャンプと相性のいい魚として取り上げているが、まずは管理釣り場の釣りを紹介している。釣りをするとキャンプが盛り上がるな、楽しくなるな、渓流の魚ってきれいだなと思ったら、このフライフィッシングにも興味を持っていただきたい。

初心者ならまずはドライフライと呼ばれる、水面に浮いている虫を魚に食べさせる釣り方がオススメ。自分が投じた毛バリの流れるさま、魚が水の中から飛び出してきて飛びつく瞬間がすべて見えるので興奮すること間違いなし。体力がやや心配になってきた世代には体力的に楽なツーハンドロッドのスペイフィッシングがオススメだ。フライは沈んで見えなくなるが、魚が掛かった時の手ごたえはむしろより生命感を感じる。ヨーロッパや北米では、年配の方に人気の紳士な釣りがフライフィッシングであり、日本でも北海道は

静かでゆったりとした時間の流れる林間のキャンプ場。釣りの時間は朝から昼まで。午後遅くは、のんびりと釣りトークにふける

1 ユラユラと薪から上がる炎に癒される。これがなければキャンプではないというほど必須の愉しみ　**2** 夕食を作りながらつまみを食べるというのがオトナ釣りキャンプの作法というもの。本場のチーズやハム、サラミの濃い目の味は疲れた身体にちょうどいい　**3** 清々しい青空の下、素晴らしいロケーションで伸び伸びとマス釣りを

スペイ天国と言えるほど釣り場、対象魚が多い。

無論、フライ以外でも同好の士が集まって朝から晩まで一緒に野遊びを楽しむのだから盛り上がらないわけがない。ここがオトナの遊びでも接待ゴルフや接待麻雀とは異なるところだ。

Case. 2 親子テンカラ釣りキャンプ

夏休み、キャンプ、釣り。これらは、自然から何かを学び取ることの素晴らしさを、子供たちに与える機会として最高の組み合わせだろう。さらに釣りでオススメしたいのがテンカラ・フライだ。日本古来のテンカラ釣り（リールを使わないノベザオによる和式毛バリ釣り）に、フライフィッシングで使う西洋毛バリを組み合わせた釣りで、子供でも大人でも気軽にできることからイベントも開催し、ボクもボランティアで手伝っている。

大まかなコンセプトとしては、キャンプをしながら、自然河川で川の中に入って釣りをし、魚がエサとする水生昆虫を観察、採集すること。キャンプでは、テントや食事の共同作業と、フライを作る経験をすることで子供の成長を見ることができ、また釣り人としての父と息子の結びつきも強く

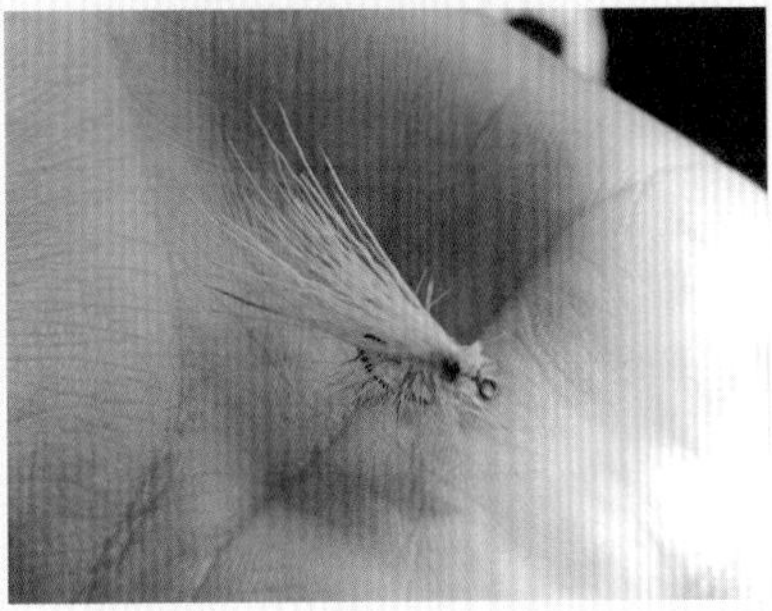

川で見た虫を真似て作ることは、自然観察の第一歩、不格好でも自分の手で巻くことはモノづくりの楽しさにもつながる。そこに自然理解への重要さと、毛バリ釣りの奥深さがある

キャンプ地で簡単なタイイング。父子揃って今回が初めての経験。父子ともに眼差しが真剣さを増す

テンカラザオでドライフライを水面に流すテンカラ・フライ。魚がそれに反応して水面に飛び出す。そんなシーンを見るのが生まれて初めての子供は（大人も）、食い入るようにのめり込んでいくはずだ

なる。

このイベントではリーズナブルなパタゴニア社の10フィートのテンカラフライセットを利用しているが、軽くて取り回しもよく、初めて使う小学生もちょっとしたコツをつかむと、簡単にポイントにフライを運べるようになる。

水面に浮かんだ毛バリを魚がパクッとくわえるシーンは、きっと一生の思い出に残るだろう。もちろ

親子でキャンプは楽しい。親子で釣りキャンプならもっともっと楽しい！

いいサイズを手にしたお兄ちゃんのうれしそうなこと

男の子は野外で父からいろいろなことを学んでいく

ん、親子で海釣りをしてウキが消し込んだシーンなども同様だ。こうした子供のころに楽しんだ自然体験は、成長とともに一時は忘れても、かならず大人になってから何らかの影響を及ぼすようになる、という研究報告もあるようだ。

Case. 3 女子釣りキャンプ

素敵な女性が釣りキャンプをすると、何もかもがお洒落に見えるから不思議だ。キャンプがこれまで男性中心に見られてきたのは、いわゆる英語で言う「ブラッディ・スポーツ」、つまり血まみれになる遊びという認識が強かったからだ。ボーイスカウトという言葉からも、少年時代にキャンプなどをするのは男の子が中心だったということがうかがえる。

だが今や、女性向けのハンティング本が出版され、山ガール、森ガール、そして釣りガールがフィールドに飛び出し、自分のライフスタイルを自分でアレンジしている。マスコミやメディアのお仕着せ野遊びではなく、自分の素直な感覚で、したいことを楽しんでいる。

前述のハンティングなどは欧米でも男女を問わずかなり敷居の高いジャンルだが、釣りははるかに敷居が低い。ルアーやフライフィッシングなどのように生きたエサを使わない擬似バリ、服装などのお洒落度も高い釣りは、実は女性キャンパーにも向いている遊びだと思う。

キャンプはアウトドアへ飛び出そうとする積極的な女性の野遊び。カッコよく決めたウエアに身を包み、シュッとした動作

1 やや大仰なイメージのウエーダーは、本格的な川や湖の釣りでは一種の正装のようなもの。機能とデザインがマッチした正装を着こなす女性は実に格好いい　2 最初は誰しもビギナーで、それこそベテランの男性から手取り足取りで釣りを教わったはずだが、そこから先に男女の差はない。関係あるのは少しのセンスと多くの好奇心だ　3 キャンプ場を飛び出して源流へ。色鮮やかなイワナに出会い笑顔が弾ける

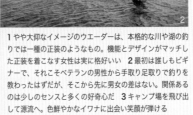

アウトドアに積極的な女性たちとフィッシングは相性がいい。機能的なデザインのテントにタープ、シンプルな設え、センスのよさが光るキャンプグッズ。日本のキャンプメーカーのすごいところは、女性目線のキャンプ道具が非常に充実している点なのだ

でキャスティングを決め、キャンプもシンプルでお洒落に。そんな女性が自然の中で楽しそうに過ごす姿は、今の世の中を反映している。ますます女性ファンが増えていくことだろう。

Case.
4

ソロ釣りキャンプ

「なぜ、ソロでキャンプなのか？」への問いは簡単だ。自由。わずらわしさからの解放。たまには一人で自分だけの時間を持ちたい、という素直な欲求の解放なのである。釣りキャンプをソロでするということは、ほぼ世俗から隔離される。そしてそれが海であれ、川であれ、湖であれ、自分の心が解放される。

個人的に愛してやまないのは、山間の河畔のキャンプ場。深く静かな緑の山々に囲まれて、やや粗野だが川を望める芝生のあるサイトにテントを張る。夏休み中は少し人が多いので、涼しくなった秋口、日中は30℃近くまで上がっても、川から涼しい風が吹いて快適である。暗くなってくるとランタンの周りに、川で生まれたばかりの水生昆虫が飛んできて踊りまわる。

自分が理想とする釣りキャンプを探すこと。それは時間も掛かるが、なかなか楽しい作業だ。それが整備された芝生のキャンプ場であっても、管理された釣り場であってもかまわない。自然の息吹を感じられる場所に入れる幸せが、釣りキャンプの根幹

海辺のほとりにテントやタープやチェアを設置。投げザオをサオ掛けにセットすれば気分は最高。一人静かにアタリを待つ贅沢な時間を誰にも邪魔されずに楽しむのだ

テントサイトを設営するのは、ある種の愉しみである。地形を考え、朝日、夕日の当たる場所、夜露が多いか少ないか、地面は平らか、凸凹をどのようにサイトに利用するか、寝る場所、ダイニングの位置……。そんな配置などを考えて満足のいくサイトを一人で作れるようになれば上級者だ

キャンプの焚火は不思議なほど人の心を安らかにさせる。自然の中で行なうキャンプは人間のか弱さを露（あら）わにし、その心に拠り所を与えくれるからなのだろう

である。

毎回新たな場所を探しながらその違いを楽しむ人もいれば、気に入った同じ場所に通い、季節によって変える姿を楽しむ人もいる。ソロであれば、軽い気持ちでその都度、行き先を変えるのも、同じ場所へ行くのも自由だ。この気兼ねのなさがソロの何よりの魅力だ。

渓流釣りの最中に川原の露天風呂を発見、速攻で湯船に浸かる。釣り場の近くにはこんな野趣満点な温泉が各地にあるものだ

ソロなら無理にご馳走にこだわることなく、朝食はコーヒーとパンがあればいい。キャンプで淹れるコーヒーはどのような淹れ方をしても、どのような豆を使っても、自宅の数倍は美味しく感じられる不思議な魔力がある

Case. 5

夫婦釣りキャンプ

ご夫婦で釣りキャンプを長く楽しまれている方々も多い。知人のご夫婦が2組で、1泊2日のキャンプをするというのでご1緒させてもらったことがあるが、キャンプも釣りも実に楽しそうに過ごされていた。

まずはご主人たちが手慣れたようすで1尾、2尾とヒット、ランディングをしていく。だが、逆転ホームランというべき最大の魚は、一人の奥様が見事に釣った。70㎝を超えるアメマスを手にしたこのご夫人、見た目はとても華奢《きゃしゃ》だが、実は大ものキラー。夫婦で釣るとき必ずといっていいほどキャリアのずっと長いご主人より大きな魚を釣る。

ご主人たちの道具は完ぺきで超快適な

キャンプだった。夏場のキャンプなら、食事は風通しのよいタープの下というのがもっぱらだが、夜にはひと桁気温になる秋だったため、背の高いダイニング風のシェルターテントを設営。メッシュ窓をオープンにして風通しをよくし、IGTというシステム・ダイニングセットで、超快適な炭火焼きバーベキューを楽しんだ。

その土地ならではのご馳走を食べるのも大きな楽しみ。この日も、近くの隠れた名店の肉屋さんから、特別に仕立てたホルモンと特製ダレを購入。新鮮だったこともあり、普通に市販されたものとは比べものにはならない格段の旨さだった。

気持ちのよい秋の渓谷で魚からの感動を夫婦で分かち合う。こうした経験こそが後々で一生の思い出にもなるはずだ

夫婦水入らずもいいが、夫婦同士での釣りとキャンプも大いに盛り上がる。暖を取りながらの夜のバーベキューは笑いと語りが尽きない

昼間は釣りで笑い合い、夜は美味しい食べ物でさらに盛り上がる。倹約のためにホテルに泊まらずキャンプをするという考えはもう過去の話。キャンプだからこそその心の贅沢を味わう時代である。夫婦で釣りをしていると喧嘩《けんか》も減ること間違いなし。

夫婦数組での釣りもまたワイワイと盛り上がること必至だ

焚火の炎を眺めながら夫婦水入らずでゆっくり語り合う時間など、なかなか作れるものではないが、それが自然とできてしまうのもキャンプの魔法だ。

FishCamp

15年ほど前に一人でアラスカの川をボートで下りながら釣りとキャンプの生活をしたことがある。その川には人家もなく、道路もない。つまり本物の原野だ。

川には上流から海や湖を広く行き来する北方のサケやマスが無数にいて、夏の短い間に、種類の違う魚が釣れる。川から見えるのは、見渡す限りのツンドラの大地。ときおりヒグマが現われるので、キャンプは毎晩ドキドキで眠れない日が続く。

丘にはブルーベリーが一面になっていて、サケにベリーにと食べ物に困ることはなかった。何日か川を下ると、忽《こつ》然と大型テントを張ったキャンプ村が現われた。発電機で明かりを灯しているだけなのに、懐かしい文明を感じられるほど感動した。冷蔵庫があるので冷たいビールが飲めるとい

現在、北海道内に３カ所ほどある「フィッシュ・グランピング」予定地。自然に囲まれた安らぐ空間、快適なしつらえに展望のよい眺め、そして近隣の絶好の釣り場の数々。きっと贅沢な時間を過ごすことができるはずだ

うのが一番の自慢。とても質素ながら、そのキャンプ村こそ営業中の「フィッシュキャンプ」だった。ゲストはニューヨークやサンフランシスコから来た紳士たち。一日中、ガイドと共にフライフィッシングに興じるために訪れている。おそらくかなり裕福な人たちだろう。あとで聞くと1週間で100万円は下らない金額だそうだ。

そんな不便な所へ来て、彼らはいったい何をしているのだろう？　危険を冒す必要もないし、もっと快適な場所はいくらでもある。一枚布のテントに1週間も寝泊りする不便な釣りキャンプへ、なぜ毎年足を運ぶ人がいるのか？

都会の喧騒《けんそう》に寝泊まりしながらだって釣りはできるし、飲み屋でのバカ騒ぎだって悪くない。だがひとつ言えるのは、余計なことはできるだけ除いたほうが、釣りもキャンプも、素直に自分の心の中に入ってくるということ。1尾がより強く印象に残り、キャンプに吹く風がより心地よく感じられ、夜空に光る星空はきっと生涯に残る思い出になる。フィッシュキャンプは釣りとキャンプが好きなら誰でも楽しめるし、アラスカではなく、ここ日本でも同じ感動が得られるのだ。

1 機能的かつ本格的なキャンプ道具を発信する日本のメーカーは今や世界のトップリーダーとなりつつあり、その最先端を取り入れたものがグランピングだ　**2** キャンプ地のすぐそばを流れる美しく透き透った渓流。緑に覆われた原始の川にマスを求めて釣り歩く　**3** 薄暮に浮かぶ宿泊用特別サイト。大型テントに一人でゆったりと就寝でき、タープの下でいただく早朝のコーヒーも格別だ

誰もが個人でも楽しめるフィッシュキャンプだが、ボク（奥本）は、マス釣りとキャンプがメインの野遊びを楽しんでもらうこと、世に広めることを目的に『FishCamp』を主宰して事業展開している。自分が生まれ育った北海道で、これまでに自分が肌身で経験して得た知見をゲストに提供し、キャンプと釣り活動を通してその楽しさと喜びを分かち合おうというサービスだ。

釣りはフライフィッシングもしくはテンカラ・フライ。ターゲットは、北海道各地に生息するマスたち。北海道の大自然を感じてもらい、体験してもらうことを目的にしている。

アラスカの原野の川を釣りとキャンプをしながら過ごす日々。最初は野生がより近く感じられ、やがて、自分がその一部だという認識から逃れられなくなる。それは一生の忘れられない記憶となった

キャンプのスタイルは、シンプルなクラシックなものとラグジュアリーなものを用意している。後者の『Fish Gramping』は最高級のキャンプに、最高のロケーションをセッティングして、日本ではここにしかないサービスを目差している。ご興味のある方はぜひ「FishCamp」で検索して当サイトをご覧いただきたい。

FISHING × CAMPING

Many camping tools which surely satisfy you.

盛り上げ上手なキャンプ道具たち

キャンプ道具の中には
釣りキャンプをさらに楽しく、
さらに快適にしてくれるアイテムがいくつもある。
たくさんある中からいくつか紹介してみよう

焚火をするためのその名も焚火台。これはスノーピーク社オリジナルの、Ｍ とＬサイズ。釣りキャンプの夜を演出してくれる頼れるアイテム

寒い季節になってくると活躍するのがキャンプ用薪ストーブ。焚火と同じく、暖かさと不思議な安らぎ、それに火の世話をするという楽しさも与えてくれる

テーブルのフレームに炭床やガス台などさまざまな用途に合わせて組み立てられるダイニングシステム。現代キャンプの象徴のようなキット

クラシックなホワイトガソリン式のキャンプバーナーのシステム。火をおこすのもひと手間ではあるが、それもまた楽しみのひとつ。ランタンとバーナーで燃料を共通化できるというメリットも

キャンプ時にオススメなのが、水タンクと折り畳みバケツなどで簡易シンクを作ること。キャンプ場の炊事場から離れていても、いちいち水場に行かなくて済む

最新式のカセットガスバーナー。簡易で安全、入手しやすいカセットガスを燃料にしたタイプの製品。ちょっとした湯沸かしや調理など、キャンプから自宅での利用も OK

クラシックスタイルの三角型テント。あえて 70 代風を楽しんでみるのもオツ。4 人が寝られるサイズだが、1 人でゆったり使うのにもいい

夏のキャンプでは蚊帳付きのタープが必須アイテム。アブや蚊に悩まされずに済むから快適そのもの。通気もよく火器を使うとほんのりと中は暖かかくなる

大人 2 人と子供 2 人が寝られるファミリーサイズのテント。フレームがハーフドーム形状になるものをドーム型というが、設営のしやすさ、内部空化の広さ、風に対する強さなど、もっともユーティリティーの高いタイプのテント。最初の一張りならこのタイプを選ぶのがよい

家族やグループでの釣りキャンプで活躍するのが大型シェルター。メッシュとパネルで通年対応する。ポールを 6 本使うが、その分、中は広く居住性は高い。オトナ 6 人くらいが快適に過ごせる

テント内部には下敷きのウレタンマット、その上にスリーピング用のエアマット、そして寝袋というのが基本。日本のキャンプシーンで（海外にはないスタイル）、一昔前に比べると、格段に向上したのが寝具の一式。テントの設営場所が平らであれば、非常に快適な睡眠ができるようになる。寝袋は封筒型と呼ばれる長方形のものが快適で使いやすい。中綿は、やや高価ではあるがダウン素材が軽くて暖かく、収納時には小さくなるので便利。化繊素材は保温性や収納に劣るが、水濡れに強く安価というメリットがある

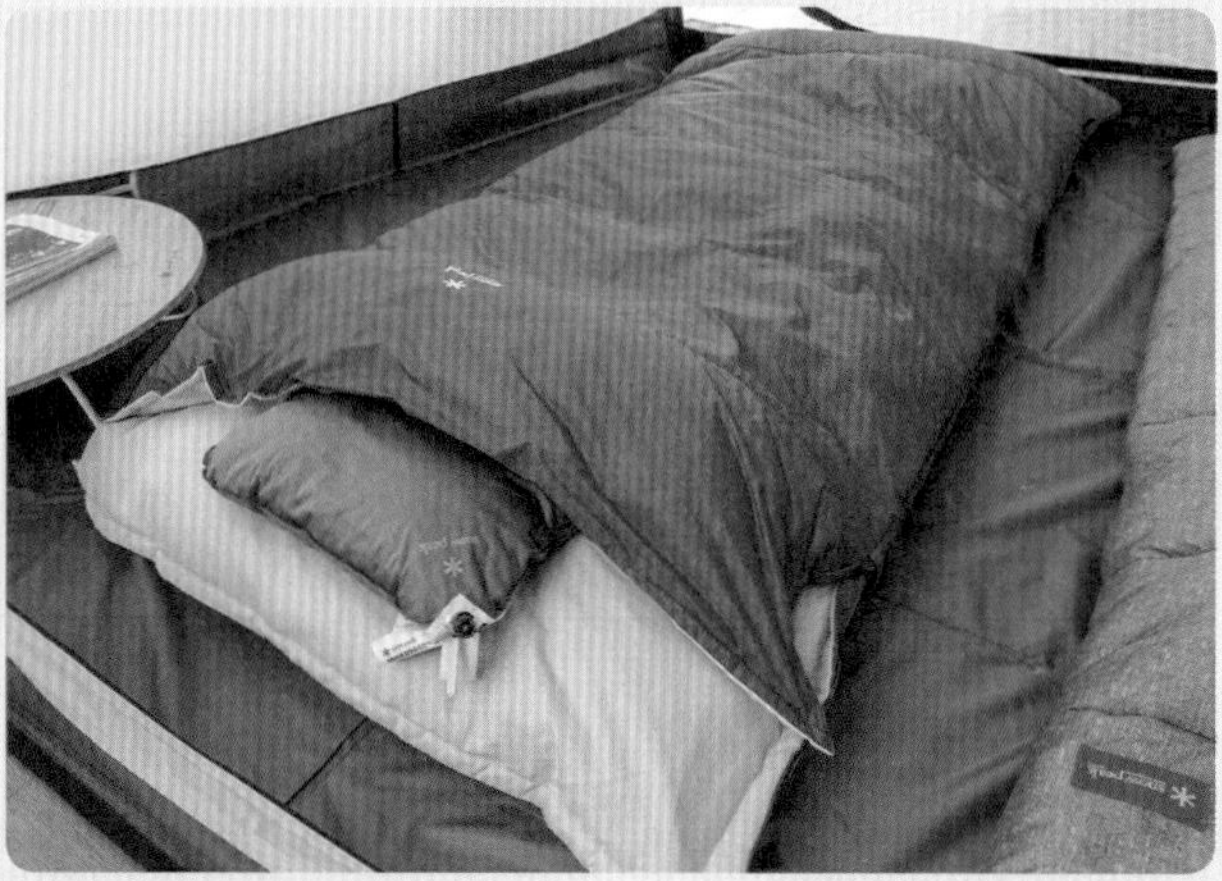

キャンプの寝具にはコットと呼ばれる脚付きの簡易ベッドもある。アルミの折り畳みフレームの上に、ナイロン幕を張っただけの簡単なもので、設置も簡単だが、独特の浮遊感を感じながら睡眠をとることができる。キャンプの多彩な楽しみを教えてくれるようなアイテム

食パンを半分に切り、その中に好きな具材を挟んでフタをし、火にあぶって加熱する仕組みのホットサンドメーカー。手軽にキャンプの食事を楽しめるアイテム

具材はベーシックなハムやソーセージ、ベーコンにチーズなどのほか、あらかじめ焼いた卵や揚げ物、トマトやキャベツなどの野菜、各種のソースなど。多彩なアレンジを楽しもう

キャンプ飯の定番の調理法のひとつがダッチオーブン。肉と野菜を入れて塩コショウで簡単に味付けして、火にかけるだけでも素材の味を生かした旨い料理ができる。写真のような料理は、あとからカレーなどを入れれば二度美味しい。2～4名ならば鍋のサイズは直径10インチ（25㎝）が標準。多用途に使える。写真のものは14インチ（35㎝）。分厚い鋼鉄を火にかけると、ゆっくりと全体に熱が行き渡り、食材の旨味を見事に引き出してくれる

小型ダッチの蓋はフライパンにもなる。これでベーコンや玉ねぎを炒め、目玉焼きなどの朝食が作れてしまう

ソロ～デュオ向けに作られたスノーピーク社の小型ダッチオーブン。鍋の厚みを生かして、食材の奥まで火が通るので肉料理に向いている。これは鍋底に大きめの鶏肉とキャベツを入れてバジルで味付け。それだけで充分に旨い

折り畳み式でかさばらないドリッパーに、静かに膨らんでいくコーヒ　豆の粉を見ているのは安らぐ。忙しく釣りをする合間のこんな時間にホッとする。コーヒーの淹れ方にはドリップ式のほかプレス式、エスプレッソ式、パーコレーター式とあり、それぞれキャンプグッズとして販売されている

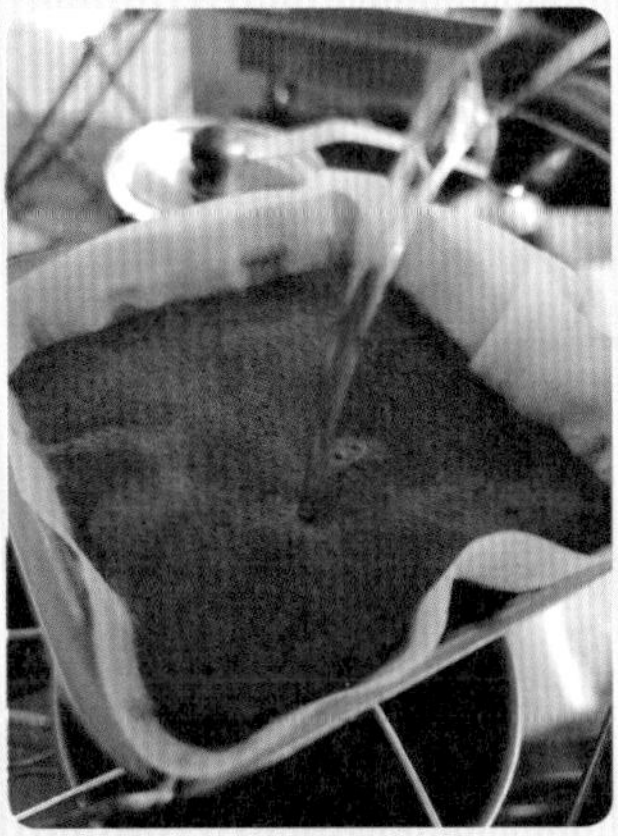

涼しい季節が多い釣りキャンプにはうれしいアイテムがコーヒーセット。ポットやドリッッパー、豆を挽くミルやカップと揃えると結構なボリュームにはなるが、キャンプの朝に、釣りの途中に、コーヒーを淹れないことには始まらないというキャンパーは多い

Chapter 2

釣り解説

淡水編

今度の釣りキャンプは河川湖沼へGO!

でもその前に…知っておきたい 淡水の釣りのルールとマナー

キャンプ場のそばには川が流れていたり、湖沼があったり、またそこでは釣り人が楽しそうにサオを振っている。「よし、自分も!」と思ったら、始める前に知っておきたいルールとマナーがある。

淡水の釣りを楽しむための基本的な事柄を紹介しよう。

漁協が定めた遊漁規則を守って楽しく釣ろう

日本の河川や湖沼の多くには、漁協（漁業協同組合）が存在する。漁協は漁業法に基づき、漁業権の対象魚種に対して増殖義務があり、発眼卵や稚魚、成魚などの放流活動を行なっている。また、釣り人(遊漁者)を対象とした遊漁規則を定めており、一般の人が釣りをする際はこの規則に従わなければならない。

初めての釣り場では、事前に管轄漁協をチェックして左記の事柄を確認しておこう。釣り雑誌の情報や、「〇〇川　漁協」等でネットを検索して漁協のHPをチェックするといい。大きな河川では流域ごとに異なる漁協が存在するケースもあるので、管轄エリアにも注意したい。

※北海道の内水面には、ほとんど漁協が存

遊漁券を購入し、ルールを守って楽しく釣りをしよう

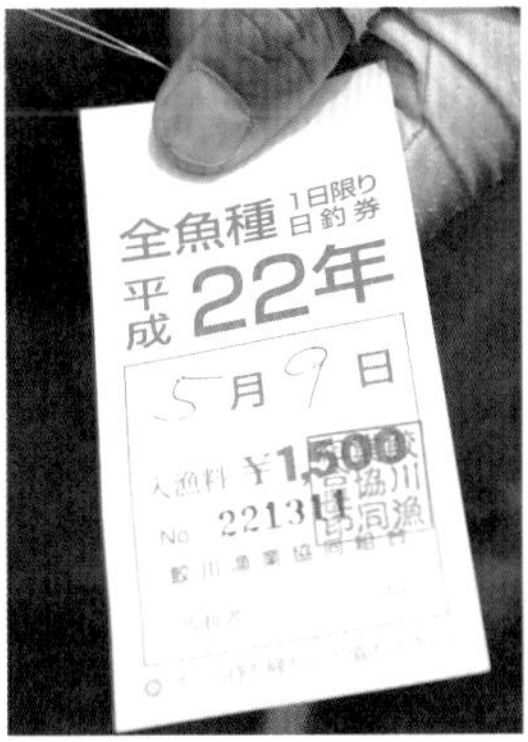

日釣り券は写真のようにスマホサイズくらいの紙に印刷されたものが多い。日釣り券は外から見える位置に留めて釣りをすること

遊漁券は釣り場近くのコンビニや釣具店、雑貨屋さんなど、漁協指定の場所で販売している。看板やステッカー、のぼりなどが目印

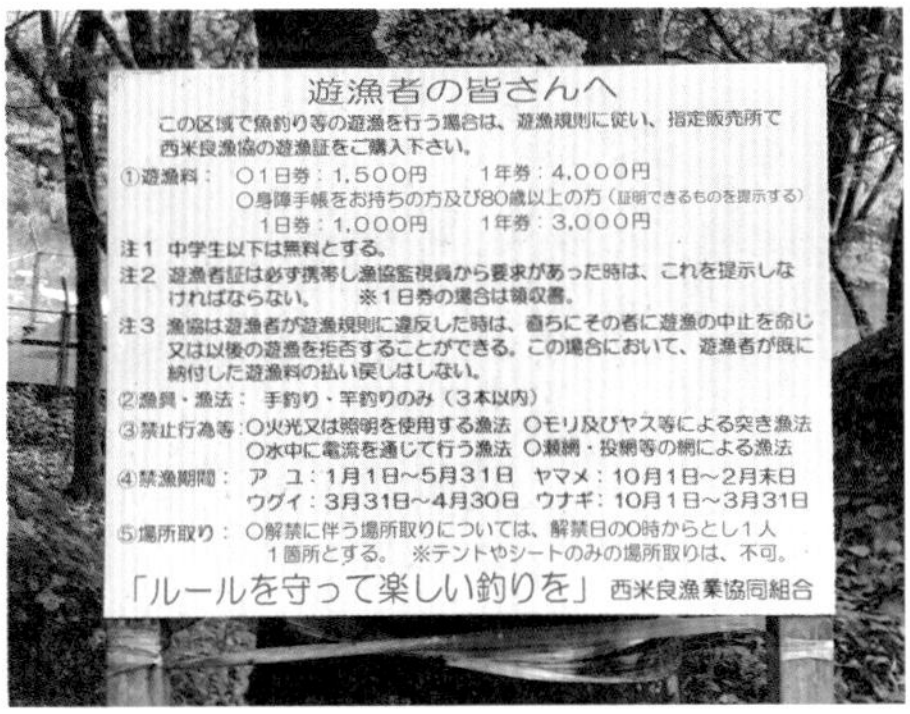

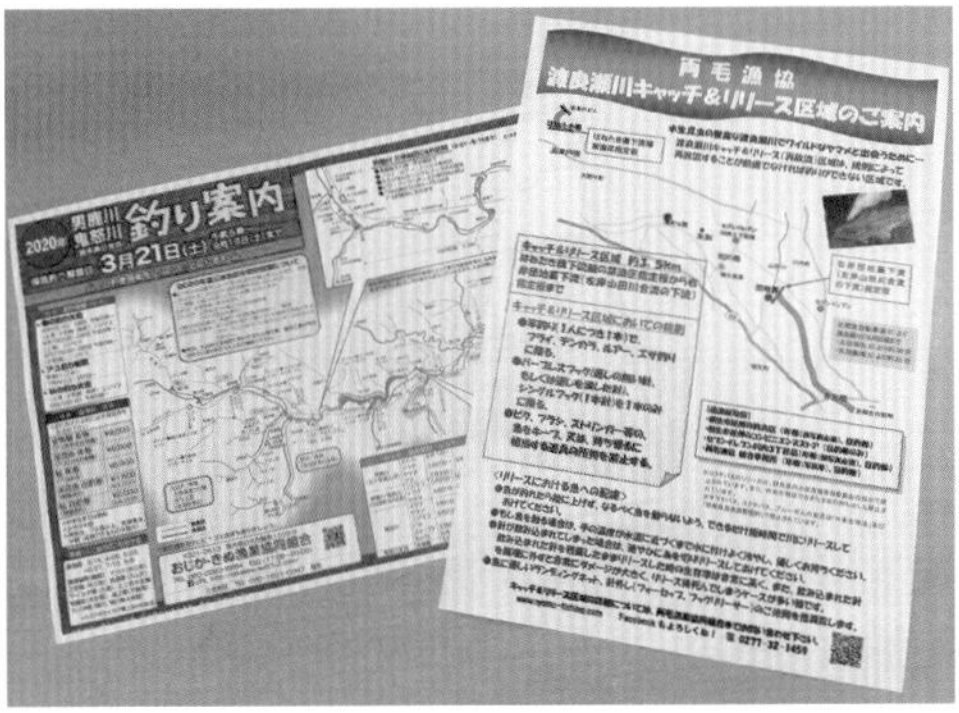

漁協で定めたルール等は、漁協の HP やチラシ、現場の看板などでも確認できる

在しない。そのため釣りのルールは、北海道が定める北海道内水面漁業調整規則によるものとなる。

●解禁・禁漁期間

イワナ、ヤマメ（アマゴ）、サクラマス、ヒメマス、アユ、ワカサギなど、魚種によって釣りをしてよい期間（解禁期間）が定められている。

●禁漁区

渓流で1つの沢の全域を禁漁区としたり、ダムのすぐ下や堰堤の上下など、一定区域・区間が禁漁区に設定されていることがある。漁協が現地に看板等を設置して告知している場合もある。

●遊漁券・遊漁料

漁協の管轄内で釣りをするには、目的の魚種の遊漁券（入漁券、釣り券、魚券ともいう）が必要。日釣り券（日券）と年券があり、日釣り券は漁協指定の取扱所（地元のコンビニや商店、釣具店、キャンプ場、ボート屋、旅館、漁協事務所等）で購入できる。道路沿いに「遊漁券あります」とののぼりが立っていたり、「釣り券あります」などのステッカーが店頭に貼ってあるので

目印にするとよい。漁協によってはコンビニ端末やネット販売も利用できる。

日釣り券は、釣り場を巡回する組合員から購入することも可能だが（現場売り）、うまく巡り合えるかどうかの保証はなく、また割高になる。遊漁券を持たずに釣りをしていると密漁になってしまうので、必ず釣りを始める前に購入しておきたい。

年券はシーズン中何度でも釣りができるが、事前申請や写真を用意する必要がある。また、自治体によっては大変便利な「県内共通券」を用意している県もある。

●体長・尾数制限

イワナやヤマメ（アマゴ）など、魚種によっては採捕できる魚の大きさや尾数が制限されている場合がある。

釣り場はきれいなままに、周辺住民にも気配りを

淡水の釣り場は、人の暮らしの近くにあったり、田んぼや畑などに隣接していることが多い。ゴミを捨てたりしないのはもちろんのこと、迷惑駐車や大声、田畑を踏み荒らして地元の方に迷惑をかけることのないように気をつけよう

マナーについて

釣りをするうえで守らなければならない規則に対して、釣りを気持ちよく楽しむために知っておきたいこと、実行したいことがマナーだ。

●自然と魚に対するマナー

自然はみんなでシェアし、大切にすべきもの。ゴミを捨てたり、自然を傷つけたり汚したりしないのは当然だ。また、地域によっては山菜など季節の恵みを勝手に持ち帰ってはいけないこともあるので注意したい。

釣った魚を逃がす（キャッチ・アンド・リリース）場合は、乾いた手で魚をつかんだり、地面に引きずり上げたりしない。手を先に水で濡らしてから魚に触れるか、ネットを使用するとよい。そして、なるべく水から魚を上げず、すみやかにハリを外して魚へのダメージを最小限にしたい。

持ち帰って食べる場合でも、自然の恵みを大事に頂く気持ちをもって魚をていねいに扱おう。また、そうして処理をしっかりとすることで、魚をより美味しくいただける。釣った魚は生かしビクなどで生かし

ておくか、クーラーで冷蔵保存する。冷蔵する場合は魚を氷に直に当てないようにしたい。

●地域住民へのマナー

人里離れた源流などを除けば、内水面のほとんどの釣り場は人の暮らしや仕事場のそばにある。地域住民の迷惑になる行為は厳に慎みたい。早朝夜間の騒音、農林水産業等の邪魔になる駐車などに注意。特に駐車に関しては、野原と思った場所が地域の共有スペースだったりすることもあるので気をつけたい。

ボートに乗る時はライフベストを必ず着用！
ベストタイプ（左）や腰巻きタイプ（右）など、自分に合ったものを選ぼう。レンタルボート店では左のベストタイプを無料貸し出ししてくれるところも多い

●釣り人同士のマナー

自然の釣り場は、基本的に「早い者勝ち」。しかし、1人で何本もサオをだしてポイントを独占したり、渓流で先に入った人のすぐ上流から釣ったりするのはマナー違反だ。「相手にされて嫌なことは自分でしない」、基本はこれに尽きる。

また、釣り場で見知らぬ人と出会うと、ぎくしゃくしがちなもの。そんなときに大切なのがあいさつ。「こんにちは、釣れてますか」「地元の方ですか」などと自分から声をかけてコミュニケーションをとることで、その場の雰囲気がだいぶ和らぐはず。話が弾んで思わぬ情報を教えてもらえることもあったりする。

●釣り施設でのマナー

淡水の釣り場には自然の河川湖沼のほかに、管理釣り場やワカサギドーム船などの施設もある。これらを利用する場合は、それぞれにルールや利用料金が定められているので、各施設に問い合わせたい。

魚に触るときは……
キャッチ・アンド・リリースするなら、魚を乾いた手で直接触るのはNG。手を先に水で濡らして冷やし、やさしくつかんで、なるべく水から上げない。そして素早くハリを外して水中に戻してあげる。魚が疲れている場合は、軽くささえて泳ぎ出すまで待つとよい

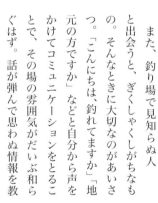

河川最上流部となる水域。流れは冷たく、冷水性の魚が棲む

Chapter 2

釣り解説

淡水編

キャンプと相性のいい 4つの淡水フィールド

淡水では水域によって主な釣りのターゲットが異なってくる。しかもそれは多彩だ。目的のキャンプ場の近くにはどんな水辺があるのかをチェックして、それぞれの環境ごと釣りを楽しむことができれば、満足度は2倍にも3倍にもなるだろう。

渓流

イワナ、ヤマメ・アマゴ、ウグイ

渓流と呼ばれる水域の範囲は意外に広い。形態としては勾配があり、瀬と淵が繰り返し現われ、大小の石がゴロゴロしている冷たく速い流れだろうか。これは源流（最終集落よりも上流部を差すことが多い。山岳渓流ともいう）や清流にも重なる。また、山奥でも集落があれば渓流と呼ぶし、山が海に迫っている地域では、川の始まりがもう渓流ということも珍しくない。

渓流に生息する主な釣りの対象魚は、イワナ、ヤマメ・アマゴ。ウグイは外道（対象外の魚）扱いされることが多いが、ビギナーには釣りやすく楽しめる魚だ。地域によってはアユも見られる。

渓流の醍醐味は、森や里山の自然とともに釣りを味わえることだろう。山菜やキノコなど、渓魚以外の山の恵みも得られる。

一方、クマ、サル、シカ、イノシシなど

マスの管理釣り場は手軽に渓流釣りの雰囲気を味わえる。なかにはほとんど自然渓流のままの釣り場もある

イワナは河川の最上流部に棲む。厳しい自然を生き抜くために神経質でどん欲な食性を見せる

野生動物との遭遇のリスクもある。近年は特にクマの目撃・遭遇例が頻発し、クマ鈴やホイッスル、万が一の際のクマ撃退スプレーなど、装備を充実させておきたい。釣り場に飲食物を残さない注意も必要だ。

本書では自然渓流の釣り解説は取り上げていないが、手軽な手段として、マスの管理釣り場で雰囲気を楽しめる。メインターゲットはマス（ニジマス）だが、釣り場によってはイワナやヤマメも放流されているので、魚種を確認して出掛けよう。石や障害物周りなどをていねいにねらえば、感動の出会いを果たせるかもしれない。

イワナとともに日本を代表する渓流魚のヤマメ。イワナよりも流れのある場所を好む性質がある

マス釣り場の主役ターゲット、ニジマス。ルアー・フライ向きの施設ではビックリするような大ものも放流されている

清流

アユ、カジカ、オイカワ

清流で真っ先に思い浮かぶ魚はアユだ。清流の女王とも称されるアユは、人とのかかわりにおいても長い歴史をもつ。また川と海を行き来するアユが天然遡上する河川は、流れに行く手をさえぎる人工物がないことを示している。しかしアユを釣ろうとすると初期投資もかかるし、覚えるべきこともたくさんあるので、本書では割愛させていただいた。

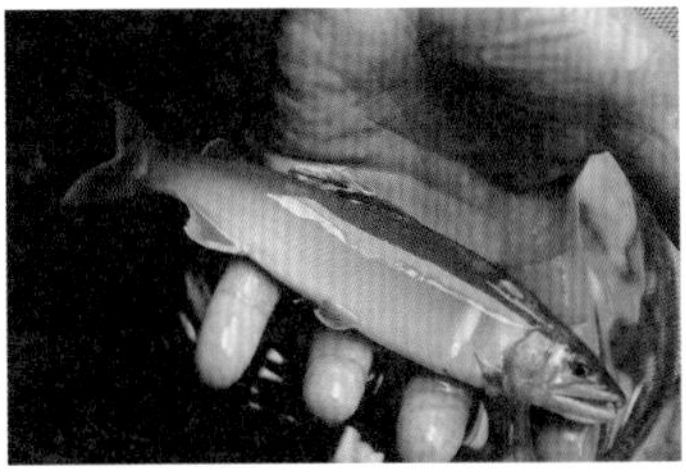
清流の女王とも称されるアユ。釣り解説は割愛したが、いつかは友釣りにもチャレンジしてみてほしい

カジカもまたアユに劣らず清流を象徴する魚だ。川底に石がたくさんあり、その隙間を住処（隠れ家）とするカジカは、底が砂などで埋まったり水質が悪化すると、すぐに姿を消してしまう。川遊びと釣りの両方を楽しめるカジカ釣りができる環境が保

渓流よりも段差がなく、緩やかでやさしい印象の流れを見せる。水深の浅い場所は夏になると格好の水遊び・川遊びの場所にもなる

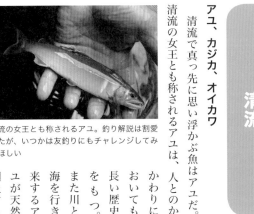

たれている水域は、現代社会では大変貴重といえる。

オイカワは、前記2魚種よりも下流域の都市部の流れでも見られ、水質汚染にも比較的強い。逆に釣り場の近さが魅力でもある。産卵期のオスの華麗な姿も観察して愛でたい。

1 カジカがたくさん棲んでいる流れは、川が健全な証拠でもある
2 マンションが建ち並ぶような流域でも見られるオイカワ。産卵期のオスはコイ科の魚とは思えない華麗な美しさ

湖沼

ブラックバス、ワカサギ、コイ

ひと口に湖沼といっても、標高の高い山上湖から平野部の止水まで、水域の規模も大小さまざま。いずれも開放感が魅力だ。

釣りの視点から湖沼を見たとき、筆頭に来るのはブラックバスとワカサギだろう。ブラックバスは淡水のルアー釣りでは断トツ人気のターゲット。山上湖から平野部まで幅広く生息し、多彩なフィールドとともに釣りを楽しめる。無数にあるルアーの中からヒットに結び付く1個を選び出すその過程は、複雑なパズルを解くような面白さがあり、多くの釣り人を虜《とりこ》にしている。

淡水ルアーゲームの断トツ人気ナンバーワンといえばこの魚、ブラックバスだ

圧倒的な開放感は湖沼ならでは。そしてボートという機動力が大活躍するフィールドでもある

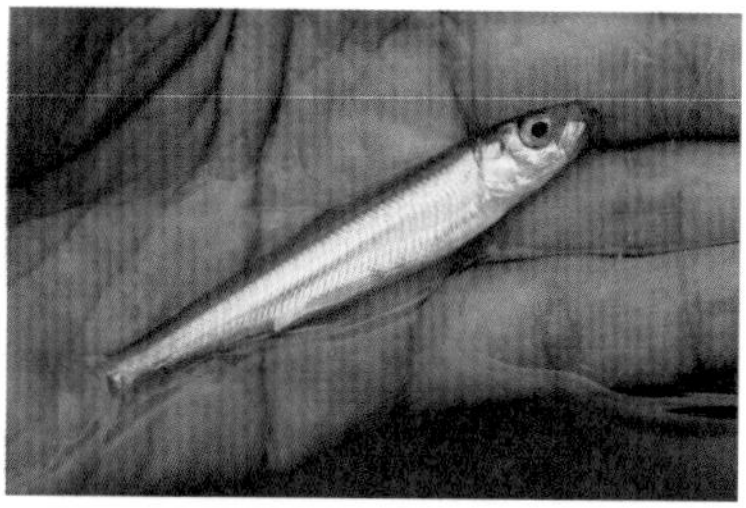

ワカサギは各地の漁協が積極的に放流しており、気軽に釣りを楽しめる

ワカサギはご存じのとおり老若男女が手軽に楽しめる釣りの筆頭格。アフターフィッシング（食べる）の楽しみも大きい。釣りたての魚を味わえるのは、釣り人だけの特権。しかもなかには、市場でお金を出してもなかなか買えないものだってある。これらを味わうことすなわち、大自然を己の中に取り込むことといえるだろう。

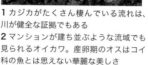

下流・汽水

コイ、フナ、ナマズ、ウナギ、テナガエビ、ハゼ

対象魚が一気に増え、多彩な釣りを楽しめるエリア。両岸は護岸され、川は広がり緩やかに流れる。透明度は低く、特に大都市では一見して自然をあまり感じられないが、実は対象魚は豊かだ。これは海水と淡水が入り混じる汽水域の影響が大きく、特に河口部の干潟や浅瀬は生物の揺りかごとも称される。

平野部の田園地帯を流れる小川は日本人の原風景の一つ

淡水と海水が混じり合う汽水は生命力豊かな流れでもある

淡水の王者といえばコイ

ナマズに出会うともの珍しさからつい興奮してしまう!?

希少な天然ウナギの釣り場は意外にも大都市のど真ん中

テナガエビと並んで汽水の超人気者、ハゼ

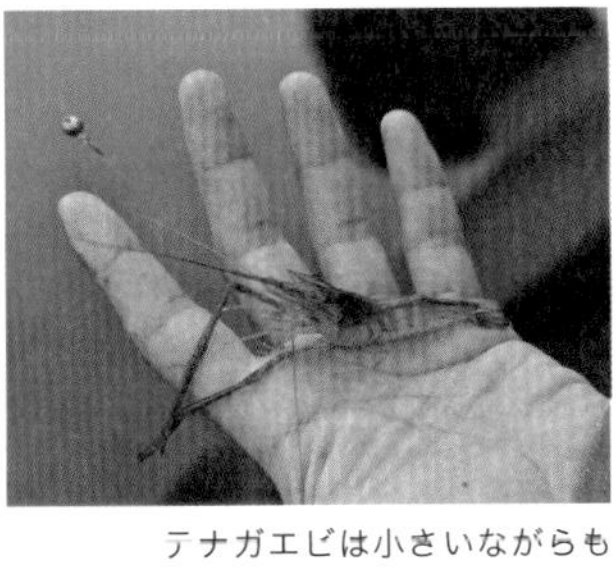

テナガエビは小さいながらも汽水のスター的存在

1

2

3

1 お父さんも子どもも笑顔がこぼれる。マス釣り場はファミリーをシアワセにしてくれる施設だ　2 マス釣り場の主なターゲット、ニジマス。サケ科の魚なのでクセもなく食べても美味しい　3 マス釣り場は野外で食事を楽しむ施設も充実している

マス（ニジマス）
"釣り人の遊園地" 管理釣り場へGO！

マス（ニジマス）ってどんな魚？

分布や特徴は？

原産地はアメリカ合衆国のアラスカ～カリフォルニアと、カムチャツカ半島。日本には 1877 年に初めて導入され、北海道や本州の一部地域では自然繁殖が見られる。そのほかは大半が「マス釣り大会」などの放流魚が残存したもの。マスの管理釣り場ではニジマスがメインターゲット。冷水性の魚なので、その施設は山間部に位置することが多い（ただし 25℃前後の高水温にも適応できる）。

体側には名前の由来となる朱～赤紫色の縦帯が見られる。肉食性で水生・陸生昆虫類（成虫、幼虫とも）、甲殻類、小魚などを食べる。

大きさは？

自然界では 40 ～ 60cm が多い。降海して遡上するスティールヘッドは 1m 前後に達する個体もいる。一方、マスの管理釣り場で釣れるのは 20 ～ 30cm が平均サイズ。ルアーやフライフィッシングがメインの施設では、より大型魚を放流しているところもある。

釣期はいつ？

施設にもよるがほぼ一年中ねらえる。また、自然河川でヤマメやイワナなどの禁漁期間中にニジマスを放流して釣らせる「冬期釣り場」を設けている漁協もある。

どこで釣れるの？

河川や止水域にマスを放流して釣らせる施設＝マスの管理釣り場。単にマス釣り場とも呼ばれる。ルアーやフライフィッシングにより力を入れているところは「エリア」などとも呼ばれ、ヤマメやイワナ（アマゴ）など多彩なターゲットにも出会える。

マスの管理釣り場の多くは足場もよく、レンタルタックルも用意されていて老若男女が気軽に楽しめる。バーベキュー施設などもあり、釣ったマスをその場でさばいて食べることもできるのがうれしい。

マスを釣ってみよう

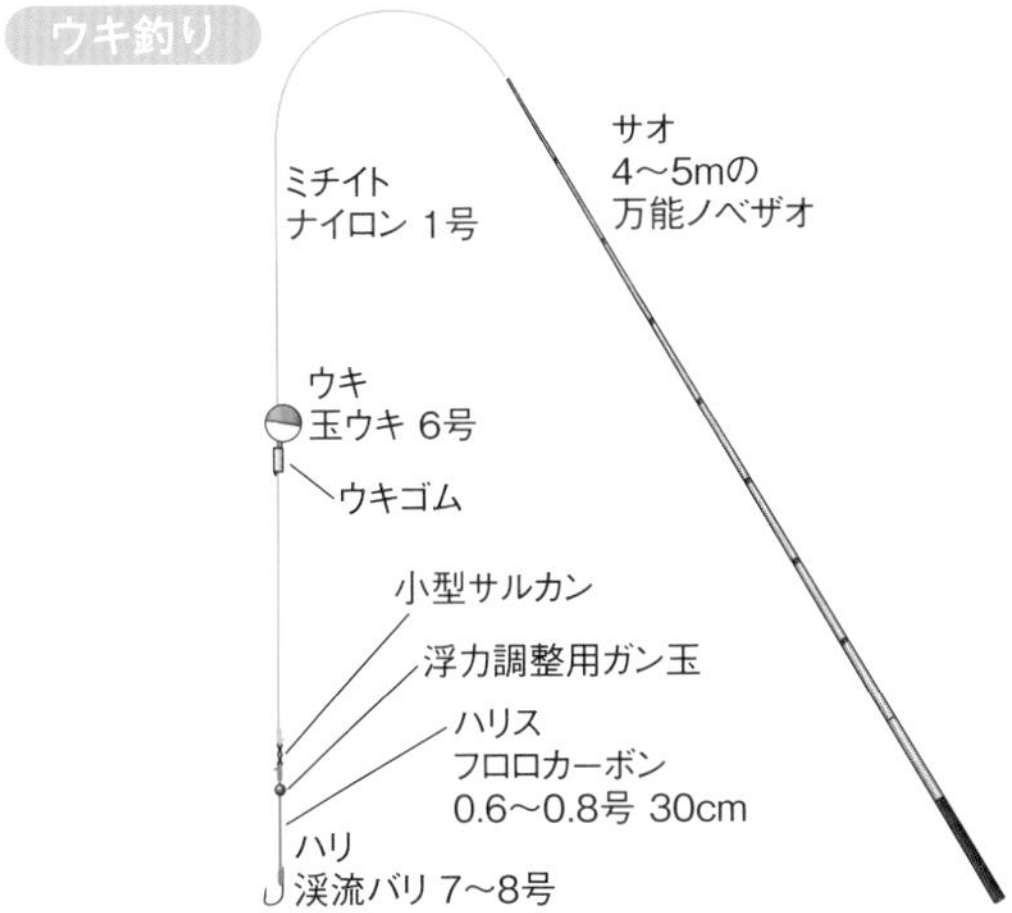

1 典型的な河川タイプのマス釣り場例。大きな石を利用して落ち込みが作られ、元気なマスはその流れの筋に付きやすい　**2** レトロなスタイルがかえって新鮮なレンタルの竹ザオと玉ウキ仕掛けのセット　**3、4** エサのイクラやブドウムシはこのようにハリに付ける。両方とも色があせてきたらすぐ交換　**5** コツさえつかめばどんどん釣れる

オススメの釣り方は？

マスの管理釣り場はエサ釣りメインの施設と、ルアーやフライ（毛バリ）中心の施設に分かれる。まずは小さな子どもでも手軽に楽しめるエサ釣りから解説しよう。

その前に、管理釣り場そのものについて少し説明しておきたい。自然の河川湖沼池とは異なり、管理釣り場では釣り人がより手軽に釣りを楽しめる工夫がされている。安全な足場、レンタルロッド、売店や食堂、トイレや水場、バーベキューなどの各種施設のほか、キャンプスペースやバンガローなどの宿泊設備を有するところもある。ひと言でいえば非常に快適な釣り場なのだ。

次に釣り場のタイプとしては、自然の渓流を利用した「河川型」と、止水の「ポンド型」がある。エサ釣りで楽しめるのは多くの場合前者の河川型だ。これは石で囲われた箱状の淵の連続になっていることが多い。そして流れには自然渓流では考えられない密度のニジマスが放流されている。澄んだ浅い流れに泳ぐマスの姿が丸見えなので、釣りをする前から気分が高揚してくること請け合いだ。

1 なるべく水深のある強い流れの底付近にエサを自然に流すとよい　2 林間を縫う流れと、すぐ近くにはバーベキューも楽しめる東屋がある釣り場も　3 自分で釣った魚は、自分で食べる楽しみが待っている　4 キャンプサイトが用意されている釣り場もある

オススメのタックルは?

管理釣り場では、サオから仕掛け一式までセットになったものを手軽にレンタルできることが多い。それらは竹の一本ザオだったりするので、大人でも童心にかえって大いに楽しめるだろう。

もちろん自分でタックルを用意してもよく、その場合は4～5mのノベザオで充分。仕掛けもレンタルのそれと見た目はほとんど変わらないが、玉ウキとオモリの浮力バランスを調整したり（エサを付けて流した時にぎりぎり浮く程度）、渓流釣り用のハリ（ハリス付き）をセットすることで釣果を上げることも可能だ。

エサはイクラやブドウムシ。付け方は写真を参考にしていただきたい。

こうすれば釣れる!

誰でも手軽に釣れるマス釣りにもコツがある。まず、大切なのはウキ下の設定。仕掛けが自然に底付近を流れるようにウキを移動して調整する。

仕掛けまでセットになったレンタルの場合はあらかじめ調整されていることもある

おすすめ キャンプ飯

ワイルドさ満点
マスの串焼き

遠火の強火で時間をかけてじっくりこんがり焼こう。(右から2尾目がニジマス、他はヤマメ)

材料

マス（ニジマスほか）、塩

作り方

①串は市販品でももちろんよいが、自生しているチシマザサなどを削って自作してもよい。その場合、細すぎず太すぎず、直径1cmほどのものを斜めにカット

②ウロコと内臓を取ったマスの口に串を差し込み、魚の側線より上側を縫うように刺していく（途中で突き抜けないように注意）

③塩を振って……

④背中側から焼く。火の高さと串が合うように注意

ので、まずはそのまま振り込んでようすをみる。途中でウキが止まったり、じわじわと沈んでいく場合は、ウキ下が長すぎて底を引きずっているので短くする。逆にエサが魚よりもずっと上を通過していると感じたら長めにしてみよう。

ウキ下が決まったらいよいよ本番。自分の立ち位置よりも斜め上流に仕掛けを振り込み、玉ウキが自然のまま流れていくようにする。

サオを止めたり先がブレたりすると、仕掛けが引っ張られたり不自然な動きをしてマスに警戒されるので注意。そして玉ウキが少しでも変な動きをしたらすかさずサオを軽く立ててイトを張り合わせる。見事ハリ掛かりすれば、ブルブルという手ごたえが伝わってくるはずだ。

ちなみにマス釣り場では石で区切られた落ち込み手前付近にマスが密集していることが多い。つい興奮してこれをねらいたくなるのだが、意外に釣れないものだ。元気でやる気のあるマスほど落ち込みから続く勢いのよい流れの筋に付くので、そこに仕掛けを流すように心がけてみよう。

ルアー釣り

1 ルアー釣りはスピニングタックルが中心だが、ベイトタックルで挑むマニアックなファンもいる
2 ルアーは自然渓流のトラウト用から、管理釣り場に特化した軽量小型のものまでさまざま

3、4 釣り場によって河川とポンドタイプがある

5、6 ルアー、毛バリ釣りに人気の釣り場では驚くような大ものや珍しいトラウトが放流されていることも。**5** は50cm クラスのニジマス、**6** はヤマメ

ルアー釣りについて

友人同士やソロキャンプの場合、ルアー釣りにチャレンジしたいという方も多いだろう。

エリアとも呼ばれるルアー、フライ（毛バリ）向きの管理釣り場では、特にルアーの場合はタックルの進化が著しく、特化した専用品が充実している。これはルアーやフライの場合、キャッチ・アンド・リリースする人が多く、繰り返しリリースされたマスは賢くなり、なかなかハリ掛かりしないようになっているからだ。

そのためラインは細く（4ポンド以下）、ルアーは小さく軽い（2～4g）。ロッドもそれらを扱いやすく、かつアタリを捉えやすい高感度なものになっている。

ルアー釣りのコツは、まずルアーをよく流れになじませ（沈ませ）、アクションするぎりぎりの一定速度でリールを巻くこと。アタリがない場合は、カラーやタイプをローテーションしてヒットルアーを捜していく。このためある程度の数を揃えておきたい。釣れている人のルアーも参考になる。

テンカラ釣り

1 自然渓流に近い釣り場では魚も本来の俊敏さを取り戻している。その場合、静かに下流側から上流側をねらうのが基本だ
2 遠くの流れや石の裏側など、魚に気づかれない場所からアプローチが可能な場合は立ち位置も変わってくる。自然に合わせて釣り人も臨機応変が肝心
3 ヒット！　サオより長いミチイトを使うテンカラ釣りではマスの引きを存分に味わえる

4 テンカラ釣りは道具立てがシンプルなのがうれしい
5 毛バリを自分で巻くのもテンカラ釣りの大きな楽しみだ

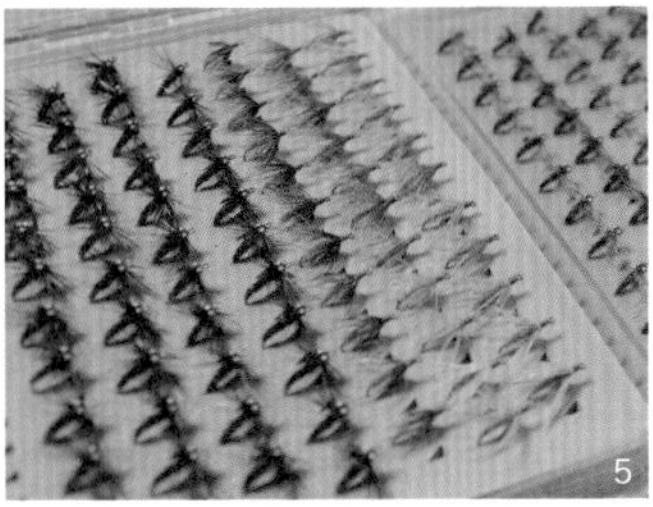

テンカラ釣りについて

フライをやってみたいという方は、その前にテンカラ釣りにチャレンジしてみてほしい。必要なタックルは3・6ｍ前後のテンカラザオとライン、毛バリ。エサ釣りに劣らず手軽だ。初めての人はキャストが少しハードルになるが、動画や釣りの本などで予習をしておけばすぐに慣れるだろう。

テンカラの場合もキャストは斜め上流にが基本。落ち込みの白泡の切れ目、流れの芯と緩い流れの境目の筋、流速が弱くなるヒラキ、流れがUターンしている巻きの部分などに毛バリを打ち込み、サオは立て気味にしてラインが滑り台のような弧を描く状態を維持する。ラインは水面とほぼ点で接する。ドライフライ（フライの毛バリ）を使う場合はフロータントを塗り、ラインはやや水面に置いてフライが自然に流れるようにすること。

アタリはラインに変化が出る、水中で魚がキラリと反転する、水面のフライにアタックしてくるなど。ビックリして大アワセにならないように、落ち着いてサオを立てて合わせよう。毛バリが5㎝動けば充分フッキングする。

キャンプサイトも充実！
安心
安全
初心者向き
その場で手軽に食べられる♪

管理釣り場ベースの釣りキャンプ・ベーシックプラン3

大自然の下で釣りができるキャンプ地を捜すとなると、素人目ではちょっと難しい。キャンプができても魚が釣れなかったり、釣りができても近くでキャンプができなかったり……。知識に乏しいと、なにかと壁にぶつかるだろう。そんな悩みを解決してくれるのが、キャンプ場やバーベキュースペースが併設された管理釣り場だ！

なんとも優雅で楽しい釣りキャンプ。日常の喧騒から解き放たれ、キャンプをベースにゆっくりと寛ぎ、その場で釣れた魚を調理していただくなどは、まさに贅沢至極といえよう。しかし、わからないことだらけの初心者にとっては、キャンプと釣りの二重ハードルはなかなか手強い。さらに両方とも充実したフィールドなんて、どこにでもあるわけではない。

そこでおすすめなのが「管理釣り場」。全体的に足場もよく、釣りやすさや魚影もすこぶるつきによい。また、各種レンタルタックルも豊富に取り揃えており、手ぶらでも楽しめる手軽さが魅力だ。

特に注目なのが、自然の河川や渓流をそのまま利用した「河川型」の施設。主な魚種はニジマスなどのマス類で、魚体の美しさや食味のよさで幅広い層から人気を博している。また、フィールド的にキャンプやバーベキューをするにも最適のロケーション。多くの釣り場でバーベキュースペースが設けられており、釣った魚やお肉、野菜を焼いて食べられるサービスも受けられる。

ここでは、キャンプが可能な3タイプの管理釣り場をご紹介。まずは自分のスキルや好みに合った釣りキャンププランを体験し、次のステップへ進んでみよう。

ファミリーも大満足♪

Plan 1

一番手軽なオール手ぶらプラン
簡単バーベキューキャンプ

「とにかく手軽に釣りキャンプを体験してみたい」という方にはこれがイチオシ！
釣り具、バーベキュー用品まですべてレンタルＯＫ♪

きれいな洗い場も各所に完備されており、手を洗うのはもちろん、魚の下処理も手早くできる

数名がコンロを囲んで楽しめるバーベキュースペース。釣りたての魚をその場で食べられるのは貴重な体験だ

Plan 1

まだキャンプ用具どころか、釣り具さえ持っていない。けれど、ひとまず釣りキャンプを体験してみたいというなら、こちらのプランがおすすめ。釣り具にバーベキュー用品まで借りることができる管理釣り場なら、手ぶらでも気軽に楽しめる。

テントを張れるようなキャンプサイトやスペースはないものの、コンロ付きのバーベキュースペースが各所に設けられており、炭や食材を購入（施設によっては別途準備が必要）すれば、すぐにバーベキューが楽しめる。

また、釣り場によっては釣った魚を串焼きにしてくれるところもあり、直火焼の香ばしい焼き魚がいただけるのもうれしい。

モデル釣り場 DATA

奈良子釣りセンター
山梨県大月市七保町奈良子 10
☎ 0554-24-7636

小菅フィッシングヴィレッジ
山梨県北都留郡小菅村池尻 4383
☎ 0428-87-0837

お手軽バーベキュースペースも♪

Plan 2

手持ちのキャンプ用具を使って楽しめるプラン

テント&タープでライトキャンプ

テントやタープなどのキャンプ道具は持っていて、気軽に釣りができるところで使ってみたいならこのプラン。キャンプ入門フィールドにもおすすめ！

施設によっては車横付けも可能。自分のお好みのレイアウトで釣りキャンプを楽しもう

河川敷に設けられたキャンプスペース。ほかの釣り客の迷惑にならないよう、タープやパラソルを張ってのんびり寛ぐもよし

Plan 2

自前のテントやタープを張って、少し本格的な釣りキャンプに挑戦したいという方にうってつけなのがこちら。プラン1よりも釣り場の規模が大きく、河川敷にキャンプベースを構えられる広々スペースがあるのが特徴だ。釣り場のそばに起点を確保できるので、釣りをしない家族や仲間も近くでのんびり過ごせるのがありがたい。場合によっては、車横付けもOKの施設もある。

こちらもコンロ付きのバーベキュースペースが設置されている場合が多く、手軽に食事を楽しむならこちらを利用するのもよし。自分のキャンプ用具を使いたいのなら、キャンプスペースをぜひ利用してみよう。

モデル釣り場DATA

早戸川国際マス釣り場
神奈川県相模原市緑区鳥屋3627
☎ 042-785-0774

北浅川恩方ます釣場
東京都八王子市上恩方町1353
☎ 042-651-0869

キャンプサイト併設の本格派プラン！

管理釣り場でガッツリ釣りキャンプ

バーベキューサイトはもちろん、本格的なキャンプサイトもある管理釣り場。フィールドも広大でお楽しみ満載♪

大人数でも楽しめる屋根付きの大型バーベキュースペースも完備

大型のキャンプ用具も難なく並べられる広々サイト。悪天候時も安心のログハウスまである施設も

Plan 3

プラン1、2とは異なり、本格的なキャンプサイトが用意されている大型管理釣り場。一般的なキャンプ場と同じく、大型のテントやタープ、テーブルなどが設置できるキャパシティが魅力だ。

釣り場自体の規模も大きいところが多く、河川型では初心者用のエサ釣り場から中級エリア、大岩が続く上流部の上級エリアなど多彩なシチュエーションが楽しめるのも、このタイプの釣り場ならでは。ぜひともキャンプサイトで宿泊し、連日釣りを心ゆくまで堪能したい。

また、キャンプ場以外にもログハウスやホテルといった宿泊施設が併設されている場合もあり、悪天候でも対応できるのでチェックしよう。

モデル釣り場 DATA

BerryPark in FISH ON！鹿留
山梨県都留市鹿留 1543
☎ 0554-43-0082

美しい婚姻色に染まったオス（上2尾）と銀白色のメス。北海道を除く日本の広い河川湖沼で見られる

オイカワ

毛バリもエサも ユニークなスタイルで

オイカワってどんな魚？

分布や特徴は？

関東以西の本州、四国の瀬戸内海側、九州北部が自然分布域。アユの放流などに混じり、東北地方や四国の太平洋側などでも見られる。成魚のオスはメスよりも大きくなり、特に尻ビレが発達している。

オイカワは、地域によっては白ハエ、ハエ、ヤマベなどとも呼ばれ、釣り人にはそれらの呼称のほうが通りがよいことが多い。食性は生息環境で変化し、水生昆虫から藻類まで多様なものを食べる。釣りのエサでは川虫のほか釣具店で販売しているサシやミミズなどの虫エサや練りエサが一般的。蚊バリ（毛バリ）にもよく反応する。

大きさは？

１歳で 10cm に成長し、３年で 13cm 前後になるとされる。ときにはそれ以上の大ものが釣れることもある。また良型で丸々太ったものを関東ではイワシヤマベと呼んだりもする。

釣期はいつ？

周年ねらえる。初夏から秋にかけては特に活性も高く、エサとなる川虫を活発に食べ、毛バリにも好反応を示す。また５～８月の繁殖期のオスは、体側に青緑とピンクの婚姻色が現われ美しい。

どこで釣れるの？

河川の中～下流域や湖沼で釣れる。川では流れのやや緩い場所を好む傾向がある。また、夏の水遊びで訪れるような、都会から近い清流なら意外なほど多くの場所に生息している。冬期間は減水した静かな流れを練りエサやフライ（西洋毛バリ）で釣る熱心なファンもいる。

のどかな里川から町のど真ん中の流れまでオイカワの生息域は広い

オイカワを釣ってみよう

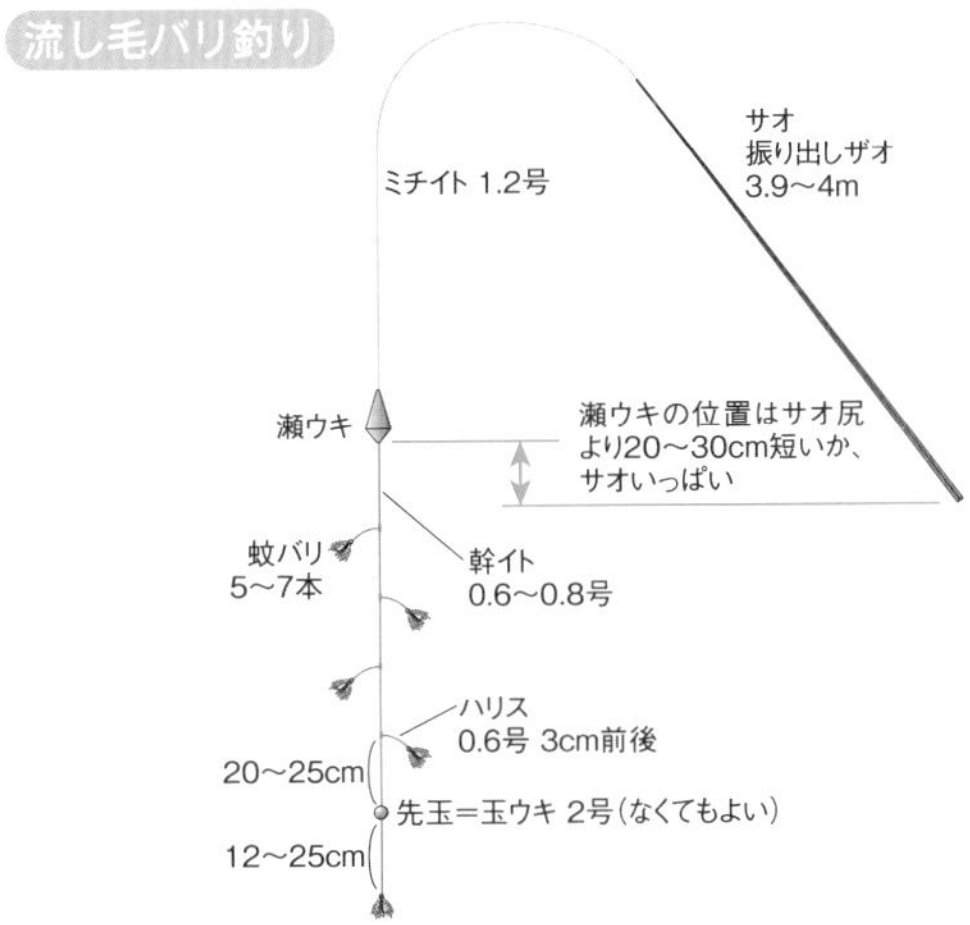

2

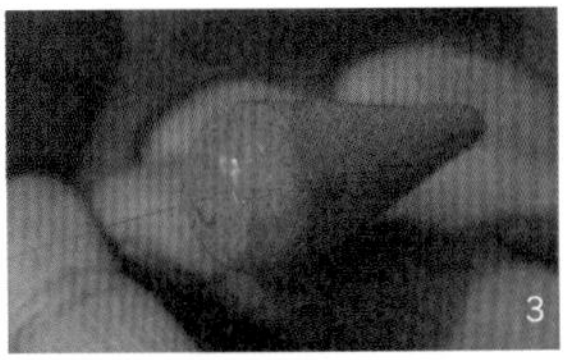
3

1

4

1 夏場は川遊び感覚で楽しむのもいい　**2** 流し毛バリ釣り仕掛け。瀬ウキと毛バリがセットになった市販品が便利だ　**3** 独特の形状をしている瀬ウキは、頭（左側）に流れを受けることで毛バリに振動が伝わり水中でオイカワを誘う役割を果たしてくれる　**4** 毛バリの本数は、最初は５本のものを選ぶと使いやすいだろう

オススメの釣り方は？

オイカワの主な釣り方には、①流し毛バリ釣り、②ピストン釣り、③玉ウキ仕掛けのフカシ釣り、④専用のハエウキと練りエサを併用する寄せエサ釣りなどがある。

本書では、キャンプとの相性を考えて、初夏から秋にかけて河川で手軽に楽しめ、かつユニークなスタイルの①と②を解説しよう。それではまず流し毛バリ釣りから。

オススメのタックルは？

流し毛バリ、別名「蚊バリ」ともいうこの釣りでは、４m前後で先調子（硬調）のノベザオが使いやすい。軟らかいサオはビギナーには扱いにくい。

独特なのは仕掛けで、専用品が市販されている。その構成はサオに近い順から、①瀬ウキ、②毛バリ（蚊バリ）、③先玉（付属しない場合もあり）、④先端の毛バリ（蚊バリ）となる。

瀬ウキは、仕掛けを振り込みやすくするのと、着水後は頭に流れの抵抗を受けてその振動が毛バリに伝わり、誘いとなる役割を果たすためのもの。もちろん、仕掛けが

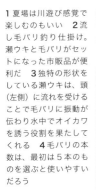

1 これは大もの！ 太った大型は“イワシヤマベ”とも呼ばれる
2 手軽にファミリーでも楽しめる
3 低い堰堤の下の瀬はオイカワが集まりやすい好ポイント
4 オレンジの目のふちどりが可愛らしい

どこを流れているかの目印にもなる。

毛バリはカゲロウなどの幼虫(水生昆虫)を模したもので、幹イトから枝状に複数の毛バリが付いている。本数が多すぎるとビギナーには扱いづらいので、5本くらいがよい。また毛バリにはさまざまな色や種類があるが、これは好みで選んでよいだろう。

先玉は小さな玉ウキで、これがあると仕掛けの先端側に重さができるので投げやすさが増す。

こうすれば釣れる!

オイカワ流し毛バリ釣りのイチ押しポイントは、ずばり浅瀬。ひざ下くらいまでの水深で、大きな石があまりなく、大人なら楽に渡れる程度の流れが理想的。さらに川原があればキャスト時に仕掛けを後方の草などに引っ掛けたりすることも少なく、いうことなしだ。

基本のスタイルは、流れに対してやや下流側を向き、サオで軽く「の」の字を描くようにして仕掛けを斜め下流に振り込む。仕掛けが着水したらイトを軽く張りながら流れをゆっくりと横切るように仕掛けを扇

おすすめ
キャンプ飯

ビールのお供に、
子どものおやつに
オイカワの空揚げ

揚げたてのオイカワをベースに、あんかけやマリネにもアレンジ可能！

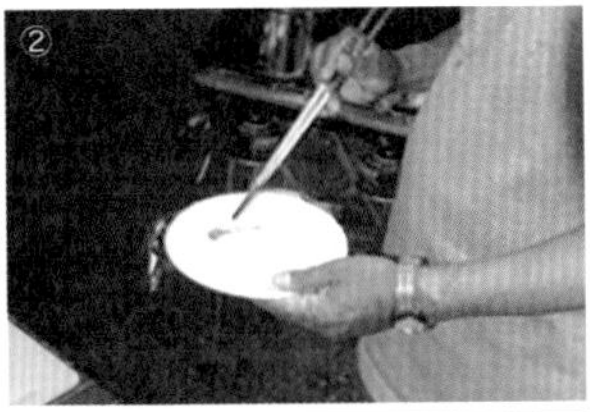

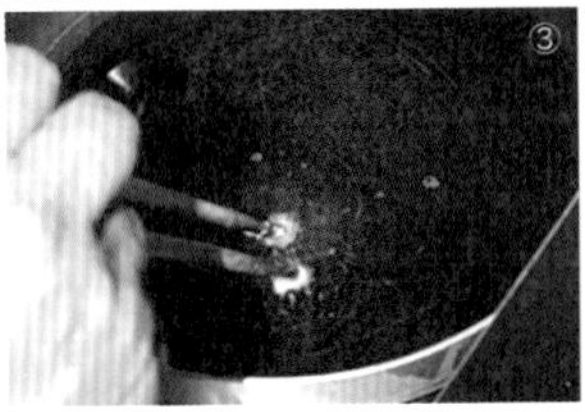

材料

オイカワ、小麦粉、揚げ油、塩。※完成した空揚げにレトルトパックの中華丼の素を温めてかければ、その場で即席あんかけもできる

作り方

①魚は軽くウロコを取ってから頭と内臓を除いておく

②③④処理が済んだ魚に小麦粉をまぶし、油で揚げる。菜箸を入れてジュワッとなるくらいの温度に調整し、最初は低めの温度でじっくりと揚げ、もう一度高温でサッと揚げる二度揚げがおすすめだ。骨が当たりにくくなり、塩を振っただけでも美味しく頂ける

状に流す。このとき瀬ウキの頭に流れを当ててやることで毛バリに振動が伝わり、オイカワが食ってくる。イトにタルミを作るとこの効果が期待できないので注意。

アタリは直接サオに小気味よい手ごたえがきたり、なんとなくもたれ感があったり、また瀬ウキの下流側を見ていると毛バリに出た魚が水中に見えたり、勢い余って水面にジャンプしたりする。「来たかな？」と感じたらゆっくりサオを上げてみよう。流し毛バリ釣りでは、向こうアワセで魚が自動的にハリ掛かりするのであわてることはない。大アワセや、手首を返したりする急なアワセは仕掛けトラブルの元だ。イトのテンションを保ったまま（緩めるとハリから外れやすい）サオを立てて魚を寄せ、イトをたぐって取り込もう。魚の活性が高かったり、魚影が多いと一度に2尾（一荷《いっか》という）掛かることも珍しくない。

最後にポイントについて補足すると、浅瀬の中でも強い流れに挟まれた「鏡」状の部分、流心脇の流速が遅い流れ、エサが集まりやすいところなどがねらいめである。

ピストン釣り

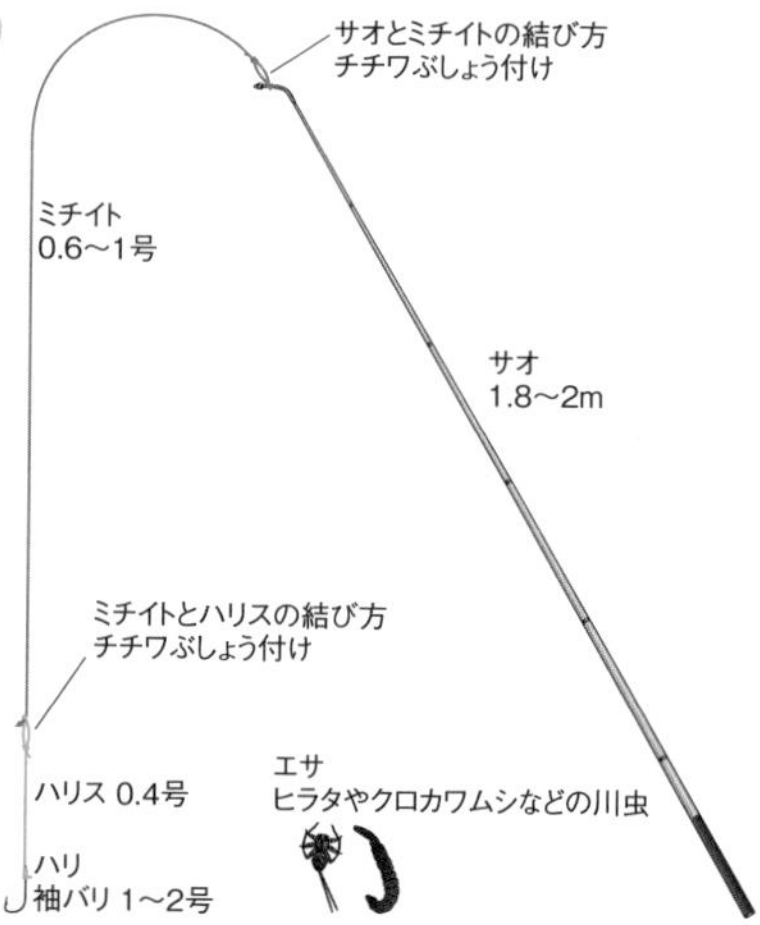

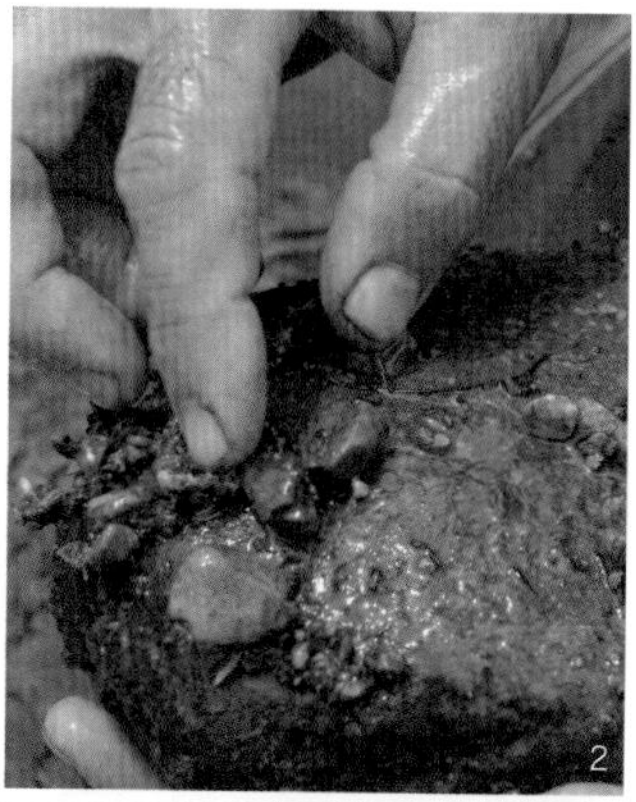

1 ピストン釣りに格好の浅瀬
2 エサの川虫は現地調達！川底の石をひっくり返すといろんな川虫がくっついている。逃げの遅い虫や、巣を作るクロカワ虫などは簡単に採取できる
3 4 ハリのエサ付けはこんな感じ！カゲロウの幼虫（3）、クロカワ虫はトビケラの幼虫（4）

オススメの釣り方は？

続いてピストン釣り。この釣法は、流れに立ち込み、サオを前後に動かしてオイカワを誘うのが特徴。川遊びと一体化したスタイルで、ファミリーキャンプ&フィッシングに超おすすめだ。

オススメのタックルは？

サオは2mほどの丈夫なノベザオ。昔ながらの竹ザオ（竹1本をそのままサオにした安価なもの）が手に入ればベスト。子どもは1mくらいのほうが使いやすく、いわゆる金魚ザオでもよい。

仕掛けは、ミチイト（0・6〜1号）と、0・4号前後のハリス付きの袖バリ（1〜2号）だけでOK。エサの川虫は現地調達する。底石をめくると、カゲロウやカワゲラ、クロカワムシなどの川虫がいるので、石の下流側にネットを置いたり、石の裏をタオルなどでやさしくなでると採取できる。ただし、最初は慣れもあるので予備エサにミミズを持参しておくと安心だ。

1 これがピストン釣りのスタイルだ。サオ先を水中に沈めてゆっくり前後させながら、川底を足で掘り起こして天然の寄せエサを流下させる
2 つややかな魚体が美しい
3 子どもに教えているはずの大人もつい夢中になる

こうすれば釣れる！

メインポイントは、こちらもズバリ浅瀬。まず流れに立ち込み下流を向く。なぜ岸からではないのかというと、釣りの最中に足で川底を掘り返すため。すると砂礫《されき》とともに川虫が流下し、寄せエサ効果でオイカワが集まってくる。

同時にサオは斜め下に向けて先端側が自然に水中に沈むようにする。そして、ゆっくりとサオを前後に動かして誘いをかける。この動きがピストン釣りの由来だ。サオを前に突き出したタイミングでイトにタルミが生じ、ハリに付いたエサが自然に川底付近を流下する。これを繰り返しているうちに、オイカワがエサに食い付くと、サオを引いた時に「ククン」と手応えがあり、なかば自動的に釣れるという仕組みだ。

1つコツを挙げると、掘り返す川底の質に注意。砂底ではなく、川虫がいそうな小石混じりの川底を選ぶとよい。また、たくさん釣りたいと思ったらハリに付けたエサをよくチェックすること。魚にかじられて欠けていたり、脚が取れていたら活きのよいエサにすぐ交換しよう。

小さなボディーにいかつい顔つき、大きな口。そしてどこか愛嬌もあるカジカ

カジカ

子どもも大人も夢中！箱メガネ越しの水中ゲーム

カジカってどんな魚？

分布や特徴は？

千葉県を除く本州と九州北西部の河川に分布する、日本固有種の魚である。水のきれいな小石底の流れを好み、川底にへばり付くようにじっとしていることが多い。または石の下に隠れている。

外見はいかつい顔で頭部が大きい。肉食性で水生昆虫や甲殻類、小魚などを食べる。日本各地の清流では、かつては貴重なたんぱく源としてカジカ突きが行なわれた。近年は川遊び感覚で楽しめる手軽なターゲットとして、カジカがふたたび脚光を浴び始めている。

大きさは？

15cm 前後あれば立派な成魚サイズ。姿形、大きさともハゼに近いといえるかもしれない。

釣期はいつ？

川に立ち込んで釣るスタイルなので、水が冷たくない初夏～秋が楽しい。またカジカは漢字で魚偏に秋と書くように、秋から脂が乗ってきて美味しさが増すとされることから、食いしん坊アングラーは秋にねらいを定めるとよいかもしれない。左党の方は、釣りたてをキャンプサイトで焼き枯らしにしてカジカ酒というのも乙だ。ただし解禁期間には注意。

どこで釣れるの？

河川の中～上流域で水質がよく小石底の流れに多く生息する。ときにはくるぶし程度の浅瀬や、ひとまたぎで渡れるくらいの小さな流れにも見られる。

超短い仕掛けでカジカを攻略

両岸にアシが茂り、川底は石がたくさんあってどこでも渡れるほどの水深。そしてきれいな水が流れていれば理想的なカジカフィールドだ

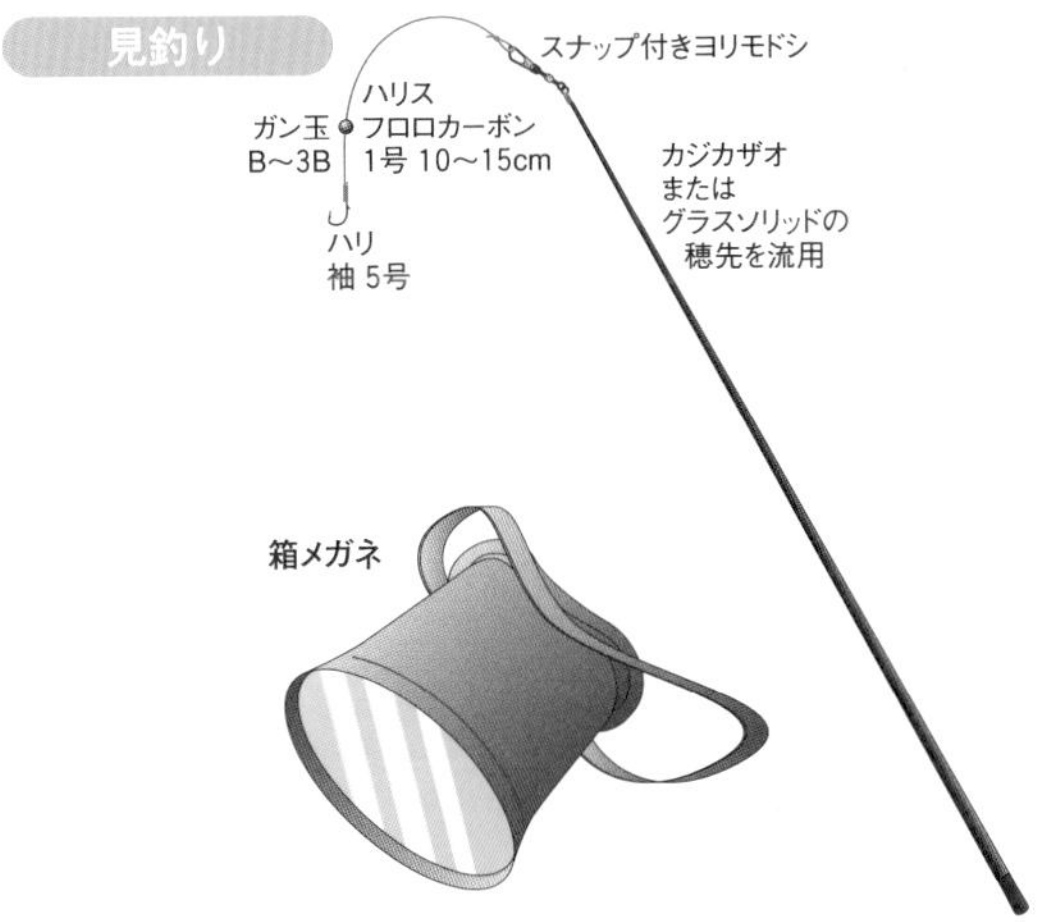

カジカを釣ってみよう

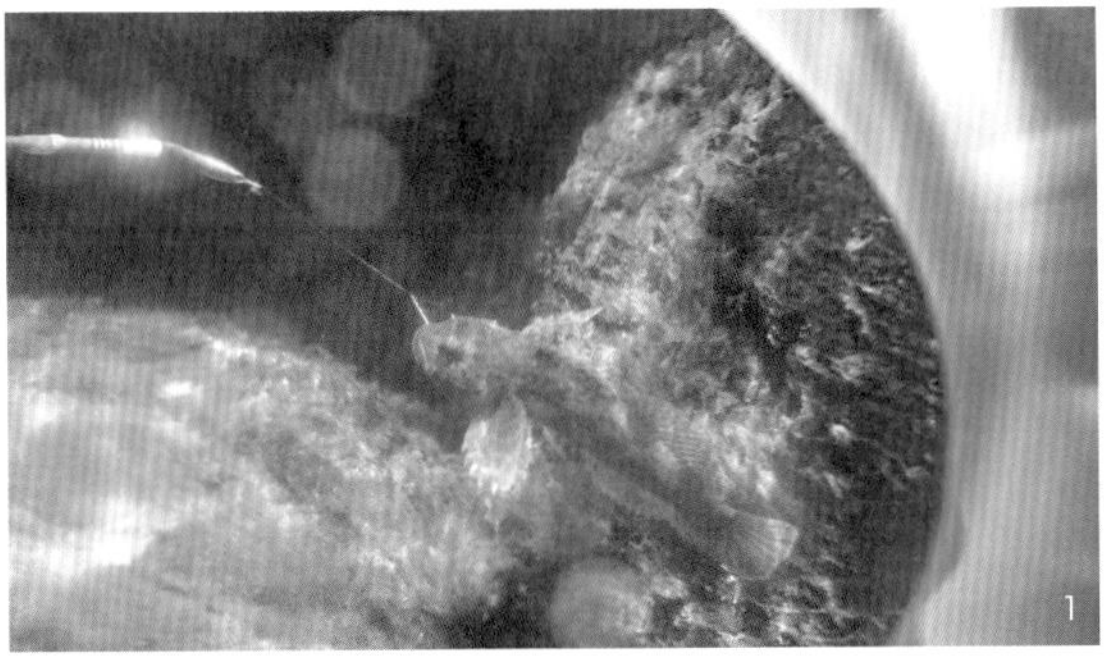

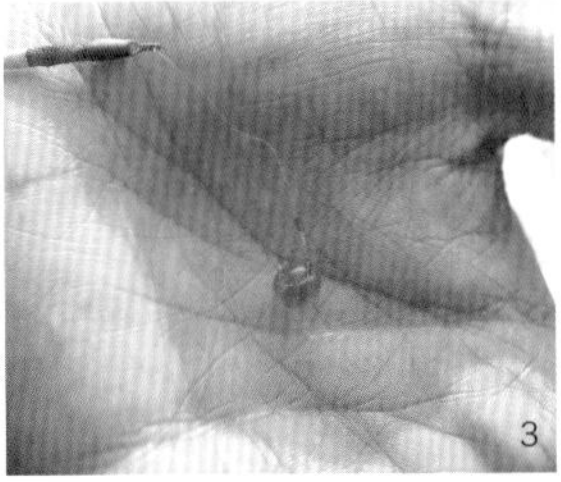

1 エサに食いついたカジカを箱メガ越しに見る　**2** カジカ釣りタックル。サオと箱メガネ、奥はアユ友釣り用の引き舟。本来はアユを入れておくためのものだが、カジカ釣りにも大変重宝する　**3** カジカザオの穂先先端には自動ハリス止めがセットされている。これにハリスを止めてエサ（写真はイクラ）を付けるだけ　**4** 現地でクロカワムシなどの水生昆虫を採取してエサにしてもよい　**5** ハリは袖やハゼ用などのほか、イクラ専用バリもある

おすすめの釣り方は？

カジカの釣り方は、穴釣り一択といっていい。これは、箱メガネ越しに水底をのぞき込みながら釣るという非常にユニークなスタイルの釣りだ。

オススメのタックルは？

サオは、北関東などカジカ釣りが人気の地域では釣具店で専用ロッドが販売されていることも多く、安価なので利用すると便利。入手が難しい場合は、使わなくなったサオの穂先を再利用したり、ＤＩＹしても楽しい。長さは90㎝～1ｍが目安。石と石の間の穴にサオを突っ込むので、キモはとにかく丈夫なこと。先端にはスナップ付きヨリモドシや自動ハリス止めをセットし、すぐに仕掛けを着脱できるようにする。またその付近をオレンジなどの蛍光カラーにしておくと、釣りの最中にサオの先端がどこにあるか分かりやすい。

仕掛けは、数ある釣りものの中でも最短かつ超シンプル。穂先先端にセットした接続具にハリス付きのハリを結ぶか留め、ハリスにガン玉オモリを付けるだけ。

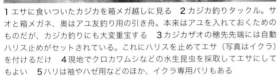

岸近くの見逃しそうなスポットもチェック！　石＋アシなど、カジカが隠れやすそうな要素が複数あるところは要注意。水通しがよいことも大事だ

1 これがカジカの見釣りスタイルだ
2 サオ先がやっと入る隙間でも奥は充分な空間があったりする。ポイントによってはこのように箱メガネなしでも探っていくことが可能
3 満足の釣果に大人も思わず破顔一笑

エサは釣具店で入手できるイクラ。使用時は塩を振ると締まってエサ持ちが向上するが、時間が経つとイクラが硬くなり食いが悪くなるので注意。マニアックな向きには現地で川虫を調達する手もある。

最後に最も重要なアイテムの箱メガネについて。瀬で水底をのぞき込むので、水が入り込みにくい高さのあるものがよい。

こうすれば釣れる！

カジカはどの川にもたくさんいるわけではない。したがってまず、管轄漁協か最寄りの釣り具店でカジカの情報を得ておきたい。併せて解禁期間や箱メガネを使った釣りができるかどうかも確認しよう。

釣り場でサオに仕掛けとエサをセットしたら、箱メガネで水底を観察し、カジカの気持ちになって潜みやすそうな石の隙間にサオを差し込んでみる。カジカは食欲旺盛なので、いれば何らかの反応があるはず。角度によってはエサを食う瞬間が丸見えで、この箱メガネ越しの小宇宙的世界には大人も我を忘れて夢中になる（子ども連れのお父さんは一人で没入しないように！）。

おすすめ キャンプ飯

清流の滋味あふれる一品

カジカの空揚げ

晩秋なら紅葉の葉などを添えると地味なカジカを引き立て季節感もUP

材料

カジカ、片栗粉、揚げ油、塩

作り方

①下処理は包丁でヌメリなどを軽くこそげ落とし、腹を割る。内臓を取り出して水洗いしたら、水気をよく拭き取る

②片栗粉はたっぷりとまぶした後、余分な粉ははたき落とす

③揚げ油は175～180度が目安。揚げているうちに大きかった泡が小さくなってくると、中まで火が通った証拠

④カジカの中骨は硬いので、ザルで油を切った後、もう一度1～2分揚げ直す二度揚げにするのがコツ。仕上げに塩を振る

釣り方のコツは、水深が浅いところほどカジカを警戒させないように静かに行動したい。そしてテンポよく隙間を探っていく。カジカは水通しのよい場所を好むので、特に流れが当たる石の上流側の穴に潜んでいることが多い。またサオがかろうじて入る狭い隙間でも奥が広いこともあり、そういうポイントは期待が持てる。

逆に避けたいのは、石にアオノロが生えていたり、石の周りが砂で埋まっていたり、枯葉が堆積している、流れがよどんでいる場所などだ。

また、カジカは同じ水域に生息するアユのように流れを泳ぎ回る魚ではないので、流心から外れた少し緩やかな流れでサッカーボール大の石が顔を出しているようなところを中心に探っていくと好ポイントが見つかるはずだ。

カジカがハリ掛かりしたら、そのまますぐに引き抜いて取り込む。そして、次も似たような感じの隙間を捜してねらっていくとよい。そうすることで、だんだんとカジカの潜んでいる穴が分かるようになってくるというわけだ。

上手な人はご覧のとおり。アタリが出たら群れに"追い食い"をさせてワカサギが鈴なり状態に

ワカサギ

湖沼の手軽なターゲット
コツをつかめば
鈴なり釣果も

ワカサギってどんな魚？

分布や特徴は？

本来は汽水魚だが、放流などによって現在はほぼ全国に分布する。北海道でよく見られるチカは、同じサケ目キュウリウオ科ワカサギ属の仲間で、より大型になり、海の防波堤でよく釣れる。

大きな群れで回遊し、動物プランクトンを食べている。産卵は冬から春にかけて行なわれる。マス類のいる水域では産卵後の弱ったワカサギがよく捕食されるため、トラウトフィッシングの注目ベイト（エサ）でもある。また、ワカサギは漢字で「公魚」とも書く。これは、江戸時代に霞ヶ浦産のワカサギが徳川家への献上魚とされてきたことから。

大きさは？

最大で 15cm 前後。基本的に 1 年で生涯を終える「年魚」だが、北海道では 2 歳魚になるものも少なくない。

釣期はいつ？

各漁協が解禁期間を定めているが晩夏～早春が多い。またドーム船や氷上穴釣りは冬期がシーズン。

どこで釣れるの？

海の内湾やそれに続く河川にも棲むが、釣り場としては、霞ヶ浦などの天然ワカサギが生息する水域を除けば、基本的に漁協がワカサギを放流している湖沼が中心になる。それらはやや標高のある山上湖であることが多い。また可憐なその姿や主な釣り場からきれいな水に棲むイメージがあるが、広い適応性を有する魚でもある。

1

2

3

1 透き通るような魚体　2 背景に富士山。山上湖が釣り場になることも多く抜群の眺望も楽しめる　3 近年大人気のワカサギ電動タックル。穂先は差し込み式で取り外し可能

ワカサギを釣ってみよう

エサ釣り

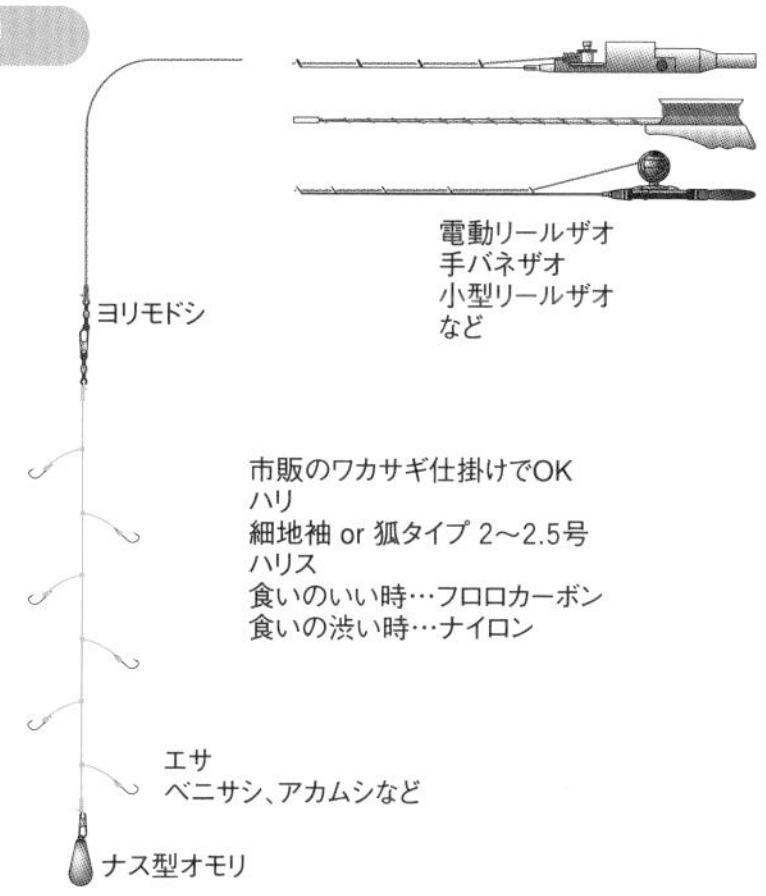

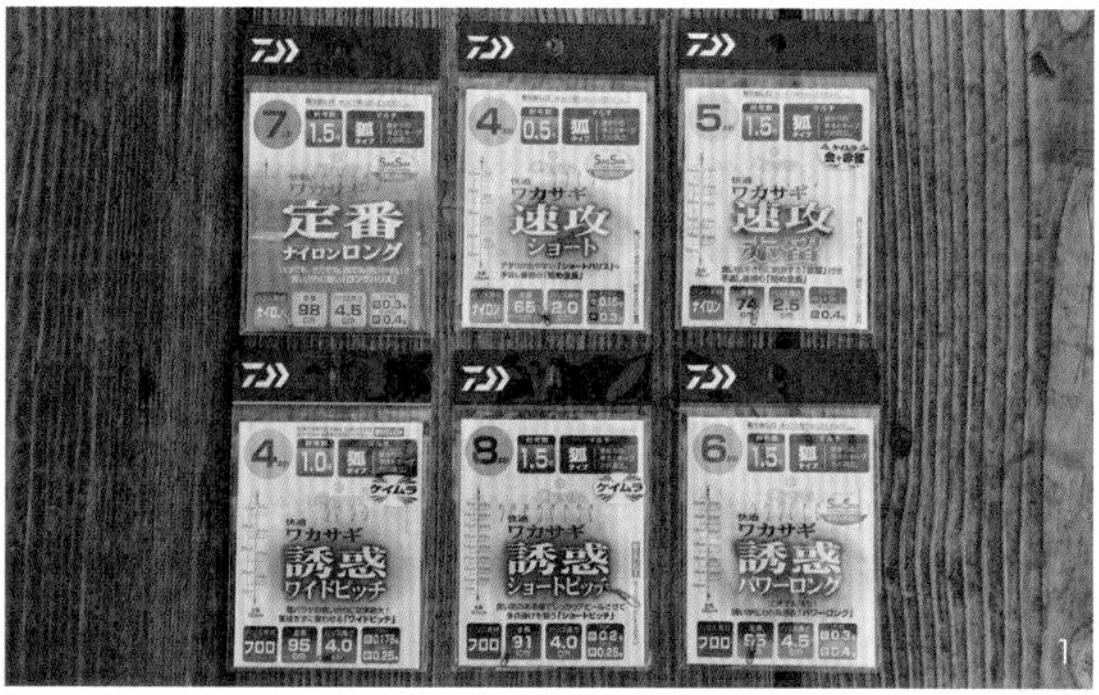

1 仕掛けはさまざまなタイプの市販品が用意されている。最初は5本バリ仕掛けがおすすめ　2 オモリ各種。号数はボート屋さんに問い合わせるのがベスト　3 ボート釣りではスピニングタックルも扱いやすい　4 ライフベストは必ず着用する。写真は腰巻きタイプ　5 ワカサギ釣りのポピュラーなエサといえばこのサシ、ベニサシ

オススメの釣り方は？

本項では主にボート釣りについて解説する。ワカサギはほかにも桟橋を含む岸釣り、ドーム船、氷上穴釣りなど多彩なスタイルで楽しむことができ、いずれも大人気だ。

また、ワカサギは動物プランクトンを主に食べているが、釣りエサとしては右に挙げたいずれのスタイルでもサシ、ラビットなどと呼ばれる小さな幼虫やアカムシを主に使う。これらは釣具店で入手できる。

オススメのタックルは？

ボート釣りの場合、タックルは2mくらいまでの軟らかいリールザオが一般的。リールは、スピニングの場合1000番クラスの小型を組み合わせる。

一方で近年、電動のイト巻きと30～40㎝の軟らかい穂先状のサオが一体化したワカサギ専用タックルが登場し、瞬く間にドーム船や氷上穴釣りで中心的存在となった。ワカサギは岸以外では真下をねらう釣りなので、このタックルはボート釣りにも流用できる。イチからタックルを揃えようという

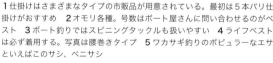

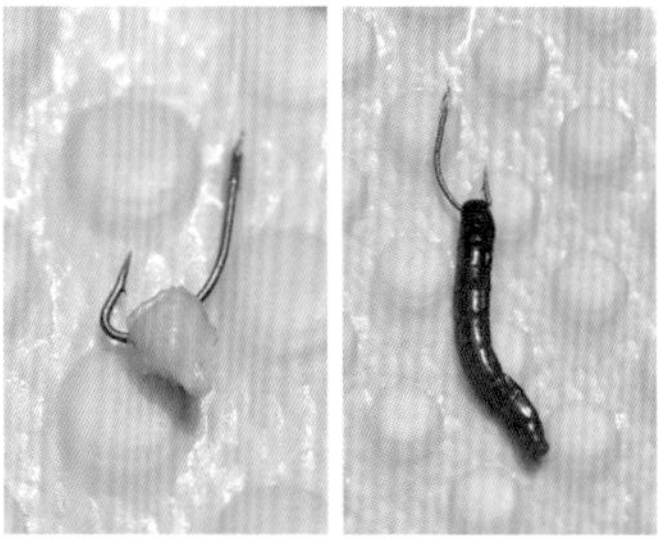

サシエサは半分にカットして付ける。アカムシは黒い頭部をチョン掛けに。食いが悪いときは胴に刺すのも効果的

ボート釣りのようす。慣れてきたら写真のように2本ザオも試してみたい

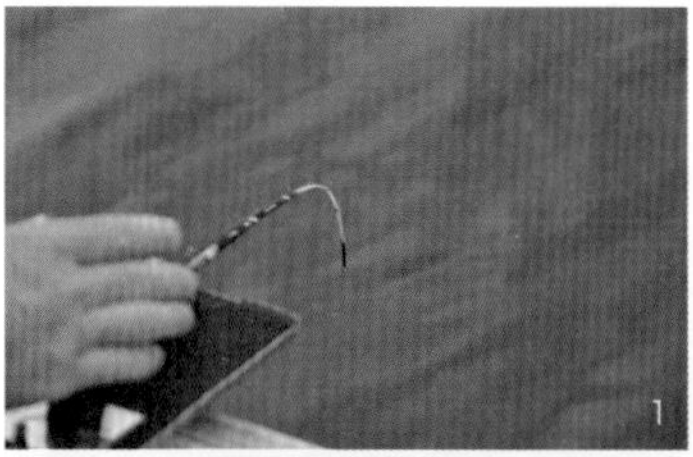

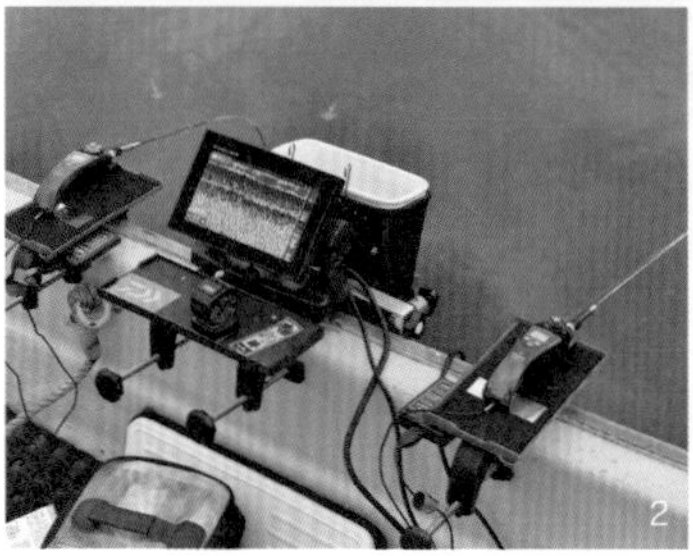

1 穂先の微妙な変化を注視しよう
2 ベテランのセッティング例。高性能魚群探知機で群れを捜しながら釣果を伸ばしていく
3 取り込み時は仕掛けが絡まないように、魚がハリから外れて落ちないように注意

方にはこちらをおすすめしたい。

ラインは、海の船釣りでは定番のPEラインという軽くて軟らかい縒りイトの0・2〜0・6号。PEラインは伸びがほとんどなく、ワカサギの繊細なアタリをキャッチするのに向いている。

PEラインの先端にはヨリモドシを結んでおき、そこに市販の専用仕掛けとオモリ（ナス型1・5号が標準）をセットすれば出来上がり。いたって簡単だ。専用仕掛けはメインの幹イトから複数の枝バリが出ている。最初は全長70㎝までの5本バリ仕掛けを選ぶとよい。またトラブルも想定して、できれば5セット程度用意しておくと心強い。エサは前記したとおりのものを使い、頭にハリを刺し（チョン掛けという）、サシエサはハサミで下半分をカットする。アカムシは、食いが悪い時には胴の真ん中を刺してみるとよい。

これらのすべては、釣り場のレンタルボート店でレンタル・購入可能な場合もあるが、その場合は事前に問い合わせて確認しておこう。

おすすめ
キャンプ飯

タレが絶妙に絡み合う

ワカサギの“揚げジュー”

淡白なワカサギが長ネギ・ニンニクのみじん切り＋ポン酢しょう油でパンチのある一品に

材料

ワカサギ、小麦粉、長ネギ・ニンニクのみじん切り、市販のポン酢しょう油、揚げ油

作り方

①ワカサギを薄い塩水でざっくりと洗って汚れを落とし、ペータータオルなどで水分をよく拭き取る
②揚げる直前に、小麦粉をまぶして余分な粉ははたき落とす
③揚げ油は 170 ～ 175 度。ワカサギが油の表面に浮き上がり、薄いキツネ色に変わったらちょうどよい。揚げ立てに塩を振れば唐揚げの一丁上がり
④長ネギ・ニンニクのみじん切りを入れたポン酢しょう油に、油を切った熱々の唐揚げを加えて絡ませる。たれは捨ててみじん切りとともに味わう

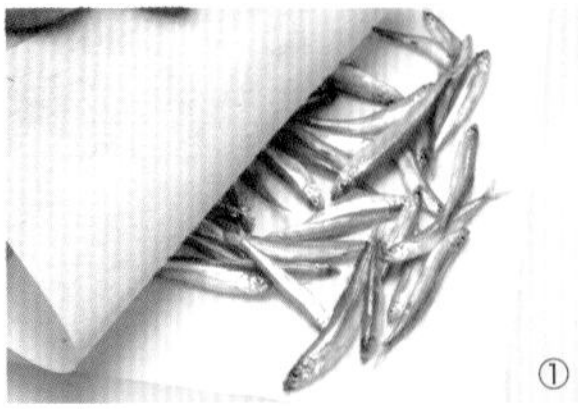

こうすれば釣れる！

要点を先に記すと、
・仕掛けは底付近をキープして常に誘う。
・ワカサギは動くものに興味を示す。
・アタリは手よりも「目」で取る。
・ワカサギは群れを捜せ。
・最初は目標1日100尾。

ボートに乗ってポイントを決めたら、船べりから仕掛けを底まで落とす。着底を感じたらすぐに5～10㎝持ち上げ（「底を切る」という）、次にサオを小さく上下動させてエサを動かし（サオ先を5㎝上げ、そのぶん戻すイメージ）、誘いをかける。誘いの合間に、ときどき1～2秒動きを止めて「食わせの間」を作ってやるとよい。これはほかの釣りでも通用する釣りの秘訣のひとつ。操作を止めることでエサが自然に漂い、思わず魚が食いつくという仕組みである。誘い&食わせの間はさまざまなパターンが可能だが、最初は「3回動かしたら1～2秒止める」を実践してみてほしい。

アタリは、手元に直接プルプルッと感触が伝わることもあるが、何しろ小さな魚なので、サオ先に不自然な動きとして現われ

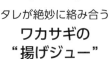

ドーム船の釣り

1 2ワカサギ釣りのドーム船は沖合にビニールハウス状の施設が係留してある場合と、桟橋から船で出る場合がある
3大満足の釣果。釣ったワカサギは最後はジップバッグに入れると便利
4室内はこんな感じだ
5寒さを気にせず楽しめるのがドーム船のよいところ

るだけのことが多い。サオ先が小さくおじぎをしたり震えたりする変化を目でとらえたら、サオを軽く15～20㎝持ち上げて合わせる。ハリ掛かりさせるにはこれだけで充分だ。魚が掛かればよりはっきりした感触が伝わってくるのでそのままゆっくりと巻き上げ、そうでなければオモリを再度底まで落として誘いを繰り返す。

ハリに掛かったワカサギが水面まで来たら、最後の取り込み。サオを立て、仕掛けの一番下のオモリをつかんだらイトにタルミができないように注意してボートの中へ。そして1尾ずつワカサギを外してバケツに入れる。落ち着いて仕掛けが絡まないように行なおう。活性の高いワカサギの群れに当たれば、鈴なり状態でハリ掛かりしていることもあるので大興奮間違いなしだ。

繰り返しになるが、ワカサギは群れで行動しているので、アタリが遠いと感じたらポイントを移動しよう。またエサも仕掛けを上げる度にこまめにチェックし、中のエキスが抜けて色が変わっていたら面倒でも付け替えるようにしたい。

ボートについても触れておこう。まずラ

氷上穴釣り

1 辺り一面銀世界！
2 氷に空けた穴からワカサギが"こんにちは"

お天気に恵まれれば野外で釣るのも気分爽快だ

カタツムリと呼ばれる氷上穴釣り用の小型テント

イフジャケットを必ず装着して乗船すること。また、ボートの上では立ち上がらないように。そして船内を移動する際はなるべく船の中心付近から外れないようにすると傾きが少ないので安心だ。

前記した1日100尾の目標だが、サイズにもよるが大人1人で20尾は食べられると思う。100尾=5人前、4人家族に1人食いしん坊がいればちょうどかも!?

その他のスタイルについて

最後に、ドーム船と氷上穴釣りについて。ドーム船はビニールハウスのような施設の中で釣りをする。室内なので寒さ知らずで快適に釣りを楽しめる。ボートを漕ぐ手間もない。ただし、ドーム船がない釣り場もたくさんあるので、事前に確認したい。

氷上穴釣りは、水面が分厚く結氷していることが大前提。したがってシーズンは短く、釣り場も自然と限られてくる。また、完全青空スタイルのほか、カタツムリなどと呼ばれる小型テントや、プレハブ小屋（ストーブが設置され室内は暖かい）を利用して釣りができる湖もある。

都市近郊でも普通に見られるコイ。掛けてみればそのパワーに驚くだろう。親子で協力して釣りあげれば楽しい思い出になること請け合いだ

コイ

さまざまな水域に潜む 淡水の王者と知恵・力比べ

コイってどんな魚？

分布や特徴は？

全国の淡水に分布し、汽水域にも見られる。比較的流れの緩い場所を好む。現在一般的に目にするのは、200年以上前に大陸から養殖目的で導入されたものが全国に広がり、在来との交雑が進んだコイがほとんどだ。

ミミズや甲殻類、水草、貝類、さらには昆虫から小魚まで食べる文字どおりの雑食性。20年以上生きる長寿の魚でもあり、なかには70歳に達する個体もいるという。

コイといえば2対の口ヒゲがトレードマーク。端午の節句には青空にこいのぼりが泳ぎ、子どもに人気。また、かつては貴重なたんぱく源としての需要も高かった。釣りの世界でも「淡水魚の王者」と称され、今なお熱烈なカープファンを擁する。

大きさは？

最大で1mを超えるが、35cm以上になるのに4年かかることから、成長は意外に遅い印象もある。この1m以上（メーターオーバー）を釣りあげることにカープファンは心血を注ぐ。ビギナーの場合は60cm以上あれば立派な大ものといえるだろう。

釣期はいつ？

一年中釣れるが、春のノッコミ（産卵期）、秋の荒食い時期はいずれも好期。

どこで釣れるの？

河川の中下流域（汽水域を含む）、湖沼。都市河川にも多く見られる。

平野部の野池や都市河川、汽水域、山上湖などさまざまな水域にコイは生息する

コイを釣ってみよう

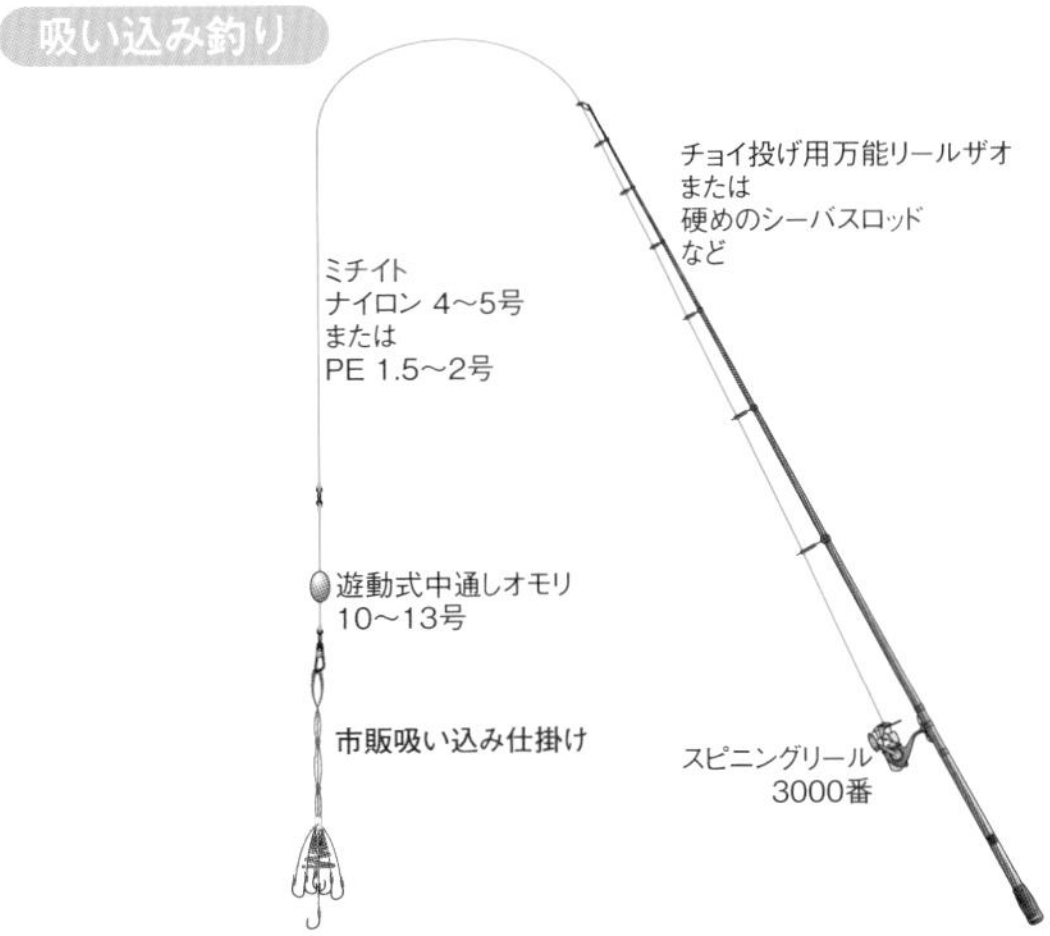

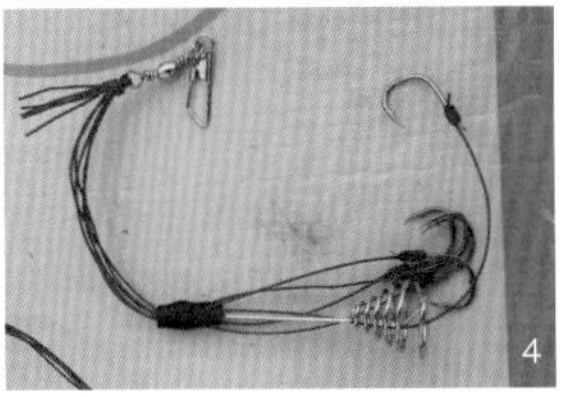

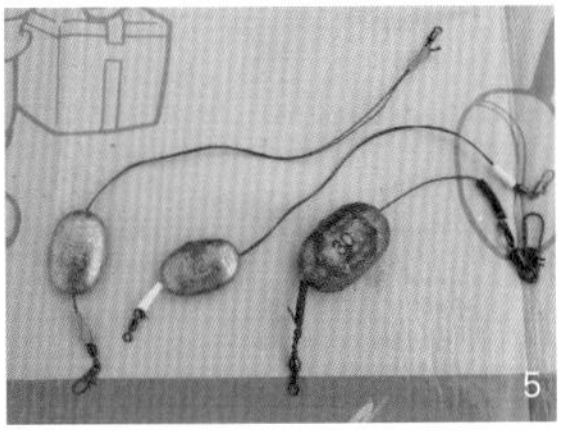

1 エントリーはチョイ投げのスピニングタックルでも充分　**2** タモ網はマストアイテム　**3** 練りエサは水を使わないウエットタイプなら便利で失敗もない　**4** 吸い込み仕掛け。練りエサダンゴを２つに割り、金属のらせん状パーツを包み込むようにダンゴを合わせたらハリも埋め込み握り込む。長いハリスのハリは外に出して食わせエサを付ける　**5** オモリは底での安定性がよい亀型を使用

オススメの釣り方は？

コイは雑食性が強いだけに、エサ、ルアー、フライとさまざまなスタイルで楽しめる。また近年はボイリーという専用エサと専用タックルを使った欧米スタイル（ユーロカープ）も人気だ。

ここでは、エントリーにぴったりの吸い込み仕掛けによる練りエサ釣りを紹介しよう。おにぎりみたいにギュッと丸めたダンゴエサに、らせん状の仕掛けを埋め込み投入するユニークなこの釣りは、ちょっぴりレトロなスタイル。子どもの頃、ヌシを釣ることを夢見て挑んだ方もいるだろう。だから、親子で手軽に楽しむこともできる。

オススメのタックルは？

チョイ投げ用のスピニングロッドに、3000番クラスのスピニングリールをセットする。ラインはナイロン4～5号かPE1.5～2号（PEラインは船釣りでは定番。軽くて軟らかくほとんど伸びない）。

オモリは流れの強さに応じて10～13号を使い分ける。そして、最後に仕掛けの先端側に吸い込み仕掛けをセットすれば完成。

1ダンゴエサはこんな感じに作ろう **2**食わせエサにはコーンなどを付ける **3**ハリ掛かりしたコイは手強い。サオをのされるとハリスが切れたり逃げられる。サオを立て、サオの弾力を生かして引きに対抗しよう **4**ヌシのような大型に挑むには、ユーロカープと呼ばれる欧米の専用タックルもある

熱心なカープファンの夢はメーターオーバー。まさに淡水魚の王者の名にふさわしい

特徴的ならせん形状のパーツは、大きなダンゴエサが落ちないための工夫だ。

エサは寄せエサの練りエサダンゴと、食わせエサの2つを用意する。両方とも市販品があるので利用しよう。

相手は淡水魚の王者だけに、タモ網も忘れずに。折りたたみのパイプ椅子などもあると釣り場で便利だ。また仕掛け投入後は操作をせず「待ちの釣り」になるので、その間にノベザオで小魚と遊ぶのも楽しい。

こうすれば釣れる!

コイ釣りは1つのポイントをじっくりとねらう釣り。したがって場所選びはとても大切だ。山上湖や河川、河口に近い汽水域など釣り場によっても異なるが、基本的には春は産卵を意識した浅場、夏は水通しのよいエリア、秋はコイが広範囲にいるのでやや難しいがたとえば障害物周り、そして冬は水温変化の少ない場所などに注目したい。そのうえでさらに、水底が傾斜しているカケアガリ、底質がしっかりしている場所、日当たりや水の動きなどの要素を加味してポイントを決めていく。ただしビギ

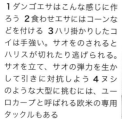

おすすめ
キャンプ飯

1尾あれば充分なボリューム

コイの豪快あんかけ

コイは中華の食材にぴったり。川魚は苦手という人もカリッと揚がった香ばしさに思わず納得。

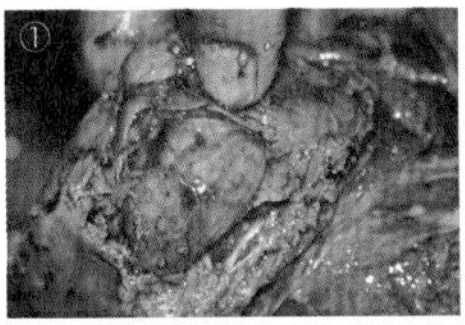

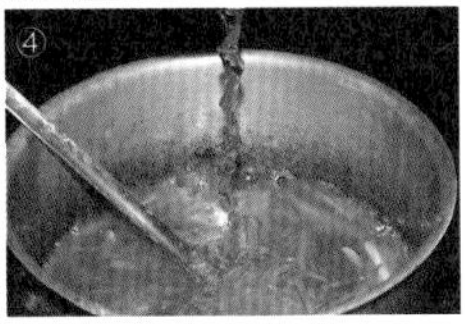

材料

コイ、玉ねぎ、ニンジン、ピーマン適量。A＝カツオ本だし、しょう油、みりん各大さじ1、塩、こしょう。片栗粉大さじ3、紅しょうが（汁ごと少量）、揚げ油、白髪ねぎ適量

作り方

①コイはウロコを取り3枚におろして皮をはいでおく。おろす際に写真の苦玉（胆のう）を潰すと苦い汁が身に回って食べられないので注意

②コイは火が通りやすいように切れ目を入れて低めの温度から揚げていく。裏返してほどよく揚がったら油から取り出す

③コイを揚げた油で野菜をサッと揚げる

④野菜がひたひたになるよりも少し多い量の水を火にかけ、温まったら材料Aを加え、揚げた野菜を入れて煮る。くつくつしたら片栗粉でとろみをつけ紅しょうがを加えてあんの完成

⑤高温でコイをふたたび揚げる。カリカリになったら身を崩さないように盛り付けて完成

ナーにはその判断が難しいのと、コイは回遊ルートをもつ習性があるので、最初は最寄りの釣具店や釣り雑誌でポイント情報を収集するのが一番の近道だろう。

　寄せエサのダンゴはバラケ具合がキモ。市販エサのパッケージに作り方が載っているので、レシピをきっちり守って作ることが肝要。また水のいらないウエットタイプのエサもあり、これなら間違いない。慣れてきたら、水があまり動かない静かな湖沼では割れやすく、流れのある河川ではエサ持ちをよくするなどして、寄せエサを効果的に使いこなせるようにもしたい。

　寄せエサのダンゴを握ったら、パカッと2つに割って真ん中に吸い込み仕掛けのラセン部分を埋め込み、半分を戻して握り込む。枝バリを埋め込み、下から出ている食わせバリにエサをセットして準備完了。あとはねらいのポイントに仕掛けを投入してアタリを待つ。このとき穂先にアタリを知らせる鈴などをセットしておくとよい。

　鈴が鳴ったらあわてず騒がず、充分に食い込ませてからサオを立てて合わせ、淡水魚の王者との力比べを満喫しよう。

ポッパーというトップウォータープラグに飛び出した美しいブラックバス。この釣りにハマるとこの釣り一筋になってしまうほどの魅力を秘めている

ブラックバス

これぞ
ゲームフィッシュと呼べる
面白さ!

ブラックバスってどんな魚?

分布や特徴は?

スズキ目スズキ亜目サンフィッシュ科オオクチバス属。標準和名はオオクチバスだが、ブラックバスという呼び名のほうが一般的。北アメリカ南東部原産。本種が日本に導入されたのは 1925 年。実業家の赤星鉄馬氏によって芦ノ湖に持ち込まれ、その後、放流などによって日本全国に生息域を広げた。スズキに似た体型で、頭部と口が大きい。緑褐色の体に黒い縦帯が入るが、模様は個体によって差がある。肉食性で甲殻類や魚類、昆虫などを捕食する。

釣って楽しい魚であることから、おもにルアー釣りファンに人気を博し、日本ではすべての都道府県で存在が確認されている。現在、特定外来生物に指定されており、生きたままでの釣り場からの持ち出しが禁止されているほか、リリースが禁止の県もある。

大きさは?

成魚は 30 ~ 50cm、生息環境によっては 60cm を超える。

釣期はいつ?

ほぼ周年ねらえるが、春から秋にかけてが最盛期。

どこで釣れるの?

湖沼などの止水域を中心に、河川の中~下流域に棲む。また汽水にも順応できる。関東周辺でいえば、山梨県の河口湖、山中湖、神奈川県の芦ノ湖はいずれもブラックバスが漁業権魚種に認定されており、釣りをするために遊漁料を支払う必要があるが、放流活動も盛んに行なわれている。また、千葉県の亀山湖、笹川湖、高滝湖、茨城県の霞ヶ浦などもブラックバス釣りが盛んでレンタルボート店も多い。いずれも湖岸沿いにキャンプ場があるのでバス釣りとキャンプを一緒に楽しむことが可能。

このほか、全国の自然湖、ダム湖、河川に生息しているが、リリース禁止かどうかは各県によって異なるため事前に確認しておきたい。

日本で最初にブラックバスが移殖されたのは神奈川県芦ノ湖。今も人気のバスフィッシングレイクでワカサギ釣り、トラウト釣りも盛ん。キャンプ場も整備され、温泉もある観光地

富士五湖など標高の高い山上湖もバス釣りが盛ん。ロケーションもよくキャンプ場も多く、オカッパリもボート釣りも楽しめる

50㎝を超える大型は
バスアングラーの憧れだ

湖沼だけではなく川幅広い大河川（写真は福岡県遠賀川）、支流の小河川、水温の冷たい渓流相にも生息できる

ブラックバスを釣ってみよう

オススメの釣り方は?

なんといってもルアー釣りだろう。ミミズやエビをエサにしてももちろん釣れるが、この魚の面白さを味わうならルアー釣りに尽きることから、ブラックバス専用のルアーは無数に存在する。

オススメのタックルは?

ブラックバス釣りを楽しく快適にするための専用のバスロッドがあり、専用のリールも存在する。スピニングリールを組み合わせるスピニングタックルと、ベイトリールを組み合わせるベイトタックルに二分される。

慣れてくるとボートにルアー別、リグ（仕掛け）別に5～10本程度のタックルを積み込んで使い分けるが、オカッパリやボート初心者の場合、まずは2本から始めるのがオススメ。その2本とはスピニングタックル1本、ベイトタックル1本の組み合わせだ。

ルアー釣り

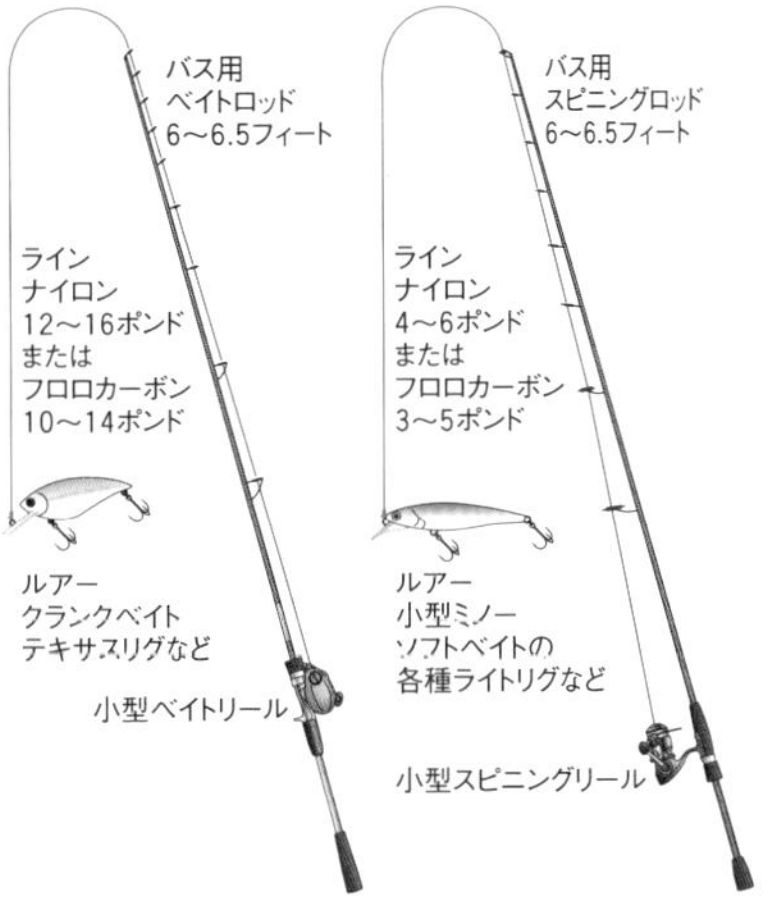

こうすれば釣れる!

バス釣りは季節ごとに釣り方が大きく変化する。オカッパリでもボートからの釣りでも考え方は同じである。

正直、冬にバスを釣ることはかなり難しい。春になって水温が少しずつ上昇して、バスが釣れだすのは水温が10℃以上になってからだ。バスは基本的に表層付近の温かい水を好むため、水温が10℃に達したころ

バスフィッシングに用いられる多種多様なルアー

食性だけでなく「好奇心」や「反応」を利用してルアーにヒットさせるのがバスフィッシングの醍醐味のひとつ。バスが思わず口を使ってしまうようにルアーを使って仕向けるのだ

ラバージグ

サイズも重量もさまざまなものが存在し、トレーラー（ソフトベイト）と組み合わせて使うのが一般的。ラバースカートが水流になびくことでシルエットが定まらず、バスに見切られにくいとされる

クランクベイト

バスフィッシングを代表するルアージャンルのひとつ。キャストしてリーリングする（リールを巻く）とボディーを震わせながら潜っていく。アクションの質や潜行深度の違いなどで非常に多くの種類が存在する

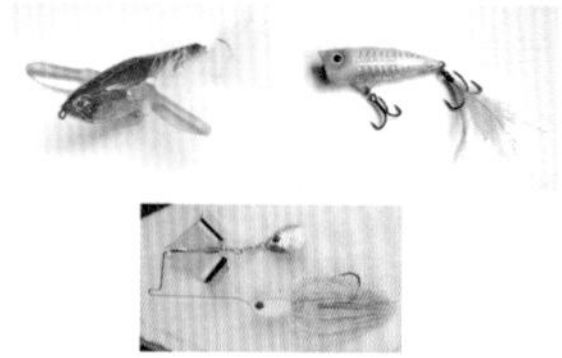

トップウォータープラグ

水面（トップウォーター）で操作するルアー。バスのヒットシーンを目にすることができるエキサイティングなジャンルでファンが多い。音を出したり、飛沫を上げたりと、それぞれに特徴的なギミックを備える

ブレーデッドスイムジグ

通称「チャター（ベイト系）」。ジグにセットされたブレードが水の抵抗を受けて左右に振れ、ヘッドと接触して打撃音を奏でる。ジャンルとしてはかなり新しい部類に入る

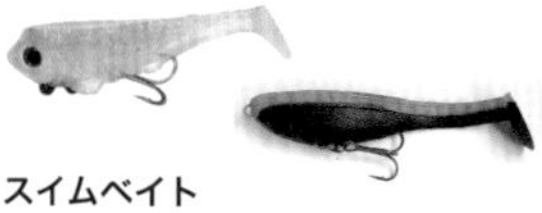

スイムベイト

ここからはソフトベイト（軟質プラスチック製ルアー）。スイムベイトは、引くとテールを左右に振りながらまるで魚のように泳ぐ。水の透明度が高い釣り場で、魚を捕食しているバスにとくに効果的だ

ビッグベイト

写真のもので全長160～250mm、重さ100～170g、名前が示すように大型のルアーだ。食性以外にバスのテリトリー意識を刺激することでもアタックを誘発する

ミノー（ジャークベイト）

バスフィッシング入門者も安心して使える小魚（ミノー）に似た細身のシルエットが特徴。ロッドワークでさまざまな演出が可能であり上級者にとっても欠かせないジャンルだ

ソフトジャークベイト

ロッド操作で逃げ惑う小魚を演出してバスを誘う。写真のような本物の小魚と見紛うようなものもある

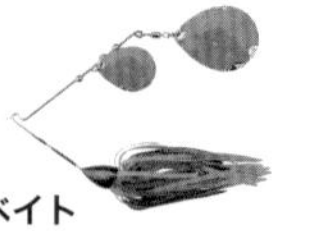

スピナーベイト

他のルアーフィッシングには見られない、バスフィッシング独自のルアージャンル。極めて根掛かりしにくい点は、障害物に潜むバスという魚をねらうのに打ってつけだ。引いたときにブレードが回転してその振動ときらめきでバスを誘う

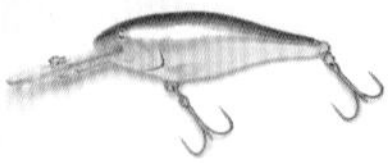

シャッドプラグ

日本で独自に進化・多様化したルアーで、細身のミノーに比べると体高があり平べったいフォルムの魚のイミテーション

から浅いレンジに姿が増える。

透明度の高い湖では、冬の間はほとんど確認できなかったバスをよく目にするようになるのもこの時期。ミノーやシャロークランク、I字系サスペンドプラグなどのハードルアーで表層を探って反応を得やすいタイミングでもある。

さらに季節が進んで、水温が13℃以上で安定すると、明確に浅場のボトムをワームでスローに誘う釣りが優勢になる。これはバスが産卵前の荒食い期を過ぎ、産卵を意識しはじめた証拠で「陽の当たる平坦な浅場」「硬い底質」「流れの強すぎない場所」で顕著になる。警戒心が強いはずのバスが大胆に浅場に姿を見せるようになるが、ネスト（産卵床）やフライ（稚魚）を守っているオスのバスである可能性が高いため、この釣りを末永く楽しむためにもネストのバスはねらわないことがマナーである。

水温が20℃を超すと、大きなバスほど早めに産卵を終える。夏のバスはクーラー効果のある涼しいところをチェックしよう。夏に快適な場所の代表格がバックウォーター（本流の最上流）やインレット（支流

バスフィッシングに用いられる多種多様なリグ（仕掛け）

たとえば同じワームを使っても、どんなリグで用いるかによって釣果はまるで変わってくる。まさに適材適所。シチュエーションにマッチしたルアーをマッチしたリグで使いたい。

リーダーレスダウンショットリグ

ダウンショットリグからリーダー（捨てイト）をなくしてシンカーとフックをスプリットリングなどで接続したリグ。琵琶湖発で全国に広まった

テキサスリグ

根掛かりしにくい特徴を生かして障害物や植物帯の中を探るのに適しているリグ。万能に使えるため、バスフィッシングにおいて基本のリグとされている

ネコリグ

語源は「根こそぎ釣れるリグ」。これも日本発で世界に広まったリグ。さまざまな使い方ができるうえに、ハイプレッシャーにも強いため、愛用するアングラーが多い

サウスキャロライナリグ

通称「キャロ」。シンカーの先にリーダーを組むためソフトベイトの動きが自然になり、違和感なくバスに食わせることができる。重いシンカーを使えばスピーディーな釣りにも対応する

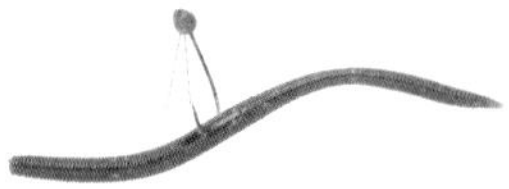

ジグヘッドワッキーリグ

韓国発のリグ。ロッド操作によって、ジグヘッドを支点にワームに複雑なアクションをさせることができる

ダウンショットリグ

日本発のリグ。もともとの名前は常吉（つねきち）リグ。現在ではアメリカを始め海外にも広まった。アメリカではドロップショットリグと呼ばれている

ホグ系

エビやザリガニなどの甲殻類を模して使用するのが一般的。大小さまざまなパーツに水流を受けて複雑なアクションをするものが多い

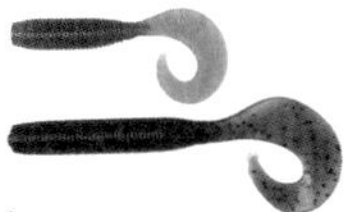

グラブ

グラブとはイモムシのことだが、写真のものは「し」の字に曲がったテールがピラピラと小魚のようにアクションする。昔からある、ド定番のジャンルだ

バックスライド系

ノーシンカーでの使用がメイン。フックセッティングによって、着水点からさらに奥へ水中をスライドフォールさせることもできる

ストレート系

細身のストレートな形状が特徴の、いわゆる「ワーム」。近年では写真のように＋αの要素を備えたものも登場している

などの流れ込み）など。温度が低くて溶存酸素が多いフレッシュな水の動きが活発なところにバスたちも涼を求めて集まる。人間が暑い日には木陰や屋根の下に逃げ込むように、バスたちもオーバーハングやカバーが作るシェード（日陰）に逃げ込んでいる。このほか水の動く岬周り、沖のブイなどもクーラー効果のあるスポットと言える。

キャンプで雨は歓迎されないが、どの季節でも雨はバスの活性を大きく上げる要素になる。バスのみならず、ベイトフィッシュであるオイカワやウグイなども同じで、水位が上がるとシャローに差して元気にエサを捕食する。それをねらってバスも活性を上げるという好循環が起こりやすい。

9月以降の水温下降期に入ると、ディープの溶存酸素量が増えるため、夏よりもさらに深いレンジにバスやベイトフィッシュが入ってくる。夏バテ気味だったバスたちも適水温になることで活性が高まり、コンディション上々の魚が増えていく。

カバーの奥のシェードでじっとしているバスを釣るにはテキサスリグやラバージグ

まずはオカッパリに挑戦！

バスの気持ちになってみるといい。たとえば暑い真夏。暑い日差しを避けて物陰にいるのか、より低い水温の上流部にいるのかと推理を巡らせる。広範囲を泳ぎ回っている状態ではないのでスリ抜けのよいリグを障害物の中に入れていくといい魚が潜んでいた

まずは２本のタックルで手軽なオカッパリの釣りから始めよう。キャンプ中に楽しめるのもいい

鬱蒼と茂ったブッシュの奥へバックスライド系のルアーを送り込ませてヒット！

トップウォータープラグはヒットする瞬間が丸見えなので興奮する

セミを模した虫ルアーにヒット。キャンプのハイシーズンの夏は虫が多くなるため魚たちも落水した虫をねらっている

障害物の中からこんなビッグな魚を引きずり出すには太くて強いラインが必要になるためベイトタックルの独壇場になる

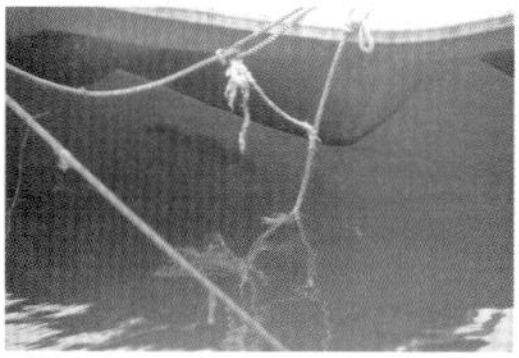

ブラックバスは物陰を好む魚だ。ボートや桟橋の下、オーバーハングと呼ばれる樹木のせり出しの下にいることが多いのでそっとアプローチしたい

軽いルアーをキャストしたり、細いラインを使った繊細な釣りにはスピニングタックルが必要

など縦の動きで探る釣りが有効だったのに対して、ベイトフィッシュを追い回す秋のバスにはスピナーベイトやクランクベイトなどの巻きモノを使った横の動きで探る釣りが有効になる。

冬にバスが集まりやすいのは「水温が安定しているところ」である。具体的には大規模クリークのディープレンジ、地形が複雑で北西風からプロテクトされるエリア、湧き水によって水温がキープされる場所などだ。小型のバスはほとんど活動しなくなるためアタリは減るが、大きいバスほど冬でも捕食活動をしているので釣れればデカいのは間違いない。

ボートに乗ってみよう！

レンタルボートがあるフィールドでは積極的にボートを活用したい。たとえ手漕ぎボートでも、釣りの幅はグンと広がる。大きなエンジンを積んだボートも釣りをするときにはエンジンを停止している。つまり移動が早いか遅いかの違いはあるが、ボート釣りの優位性は変わらない。湖によっては船舶免許なしでも乗ることができる免許不要艇（長さ３m未満で動力が２馬力以下）もある

リップが受ける水の抵抗が大きいクランクベイトの釣りには巻く力の強いベイトタックルがマッチする

水温が下がって適水温になるとバスは日陰から飛び出して小魚を盛んに追うようになるため、クランクベイトやスピナーベイトなど横方向に巻く釣りが効果的になる

ライトリグのみならず細いPEラインを使って軽いルアーを遠投する釣りなどに欠かせないスピニングタックル。ドラグもベイトリールに比べて滑らかでロッドもスピニングのほうがよく曲がるため細いラインも切られにくい

バス釣りの多くはカバーをねらう釣り。カバーとは文字どおり「覆う」という意味で、水面を覆う樹木、草木、水生植物、桟橋のほか水中に影を作る立木や岩もカバーの一種。カバーの奥にルアーをキャストするにはオカッパリよりもカバーに正対できるボートからのほうが断然有利

こんなに入り組んだジャングルのようなカバーの中の魚にルアーを届けるには、ボートからのアプローチが不可欠である。頻繁に起きる根掛かりに対してボートを近づけてルアーを回収できるからだ

スリ抜けのよい重たいテキサスリグを使ってカバーを貫通させるとヒット。カバーゲームはベイトタックルがマッチする

夜釣りのイメージが強いが、条件さえ合えば日中でもご覧のとおり。底に潜むナマズを水面におびき出すのは最高にスリリングだ

肉食性のため水面のトップウオータールアーによく反応する

こんなクリークにも思わぬ大ものが潜んでいることも

ナマズ

水底の物陰に潜む魚を水面に誘い出して釣る

ナマズってどんな魚？

分布や特徴は？

本来は東海地方以西の本州、四国と九州に分布していたが、江戸時代に関東地方に導入され、現在はほぼ日本全国の淡水域で見られる。地震を予知する魚との言い伝えや、大津絵の題材にもよく登場するなど、人間社会との結びつきが深い魚でもある。性質は夜行性で、昼間は流れの緩やかな場所で、水底の岩や水草の陰などに身を潜めている。夜になるとトレードマークの長い口ひげでエサを捜して食べる。

肉食性で、ドジョウやタナゴ類などの小魚、甲殻類、さらにはカエルなどの小動物まで食べてしまう。生きたカエルをハリに掛け、水面を叩いたり泳がせたりしてねらう伝統的な「ポカン釣り」は、どん欲な食性にアピールしたものだ。近年は「ナマズゲーム」といって水面のルアー釣りが人気である。

大きさは？

普通は最大で70cmほどになる。利根川水系では1m以上の記録もあるという。ちなみに同じナマズ科に属するビワコオオナマズは最大120cm、体重20kgほどにまで達する。

釣期はいつ？

活動が活発になる5～10月が釣りに適している。また5～6月は産卵期で、群れで浅場や湖岸、水田などに集まってくる。

どこで釣れるの？

河川の中～下流域や湖沼、田んぼの用水路など。水草が茂る泥底を好み、大きさの割りに小さな水路でもよく釣れる。

ナマズを釣ってみよう

ルアー釣り

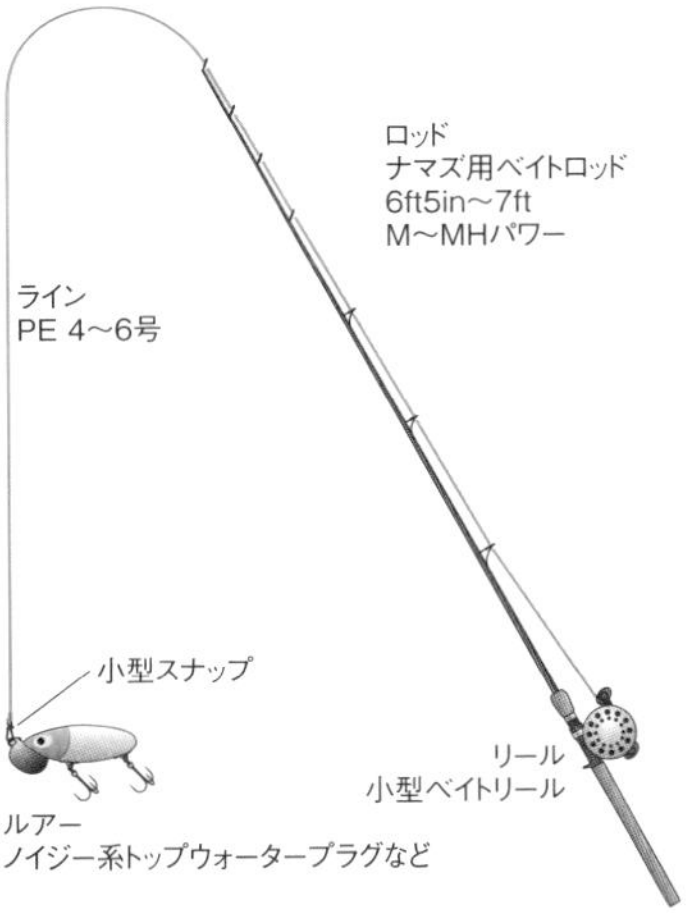

1ヒット！　日中は木陰など水面が暗い場所を積極的にねらいたい　**2**ナマズのルアータックル例。不安定な足場から障害物周りをねらうことも多く、ロッドには粘りとパワーがほしい　**3**ノイジー系と呼ばれるトップウォータープラグ。頭部の金属カップやブレードが水抵抗を受けて音や波動を作り出して魚を誘う。両側に腕のような金属板があるものも同じ役割を果たす　**4**フロッグのボディーはソフトプラスチックで中空になっており、ボディーに沿う上向きのフックは根掛かり回避効果が高い

オススメの釣り方は？

ナマズを釣るには、ドバミミズをエサに仕掛けを底に這わせて置きザオでねらうブッコミ釣り、生きたカエルをハリに掛けて水面を叩いたり泳がせたりしてナマズを誘い出すポカン釣りが伝統的。

一方、これらエサ釣りに対して近年人気なのが、トップウォーターと呼ばれるルアーによる「ナマズゲーム」だ。カエルやネズミ、セミ、巨大なイモ虫などを想像させる形状のルアーを水面付近で操作してナマズをおびき出し、ヒット（ハリ掛かり）させる釣りだ。着水からナマズがルアーに襲いかかる瞬間までを目の当たりにできるため、非常にスリリングで興奮する。

オススメのタックルは？

6〜7フィートのナマズ用ベイトロッドに、小型ベイトリールを組み合わせる。ロッドはベイト用なら専用モデルではなくてもよいが、できれば食い込みのよいグラスコンポジット（グラス＋カーボン）がおすすめである。理由は、普段は底付近でひげを使ってエサを捜しているナマズを、水面で

1 足場が高く水際に近寄れない場合はロッドのパワーを生かして一気に抜き上げる　2 大きな口でルアーにアタックしてきたナイスサイズ

コンクリート護岸のエグレ部分にルアーをキャスト。恐れずにぎりぎりをねらっていこう

静かに接近し、草などにラインを引っ掛け、ルアーで水面をチョン、チョンと揺らして誘ってやるのも時には効果的だ

枯れアシ際でヒット。やはり物陰は要注意

食わせるため、どうしても食い損ないやバラシ（途中で外れる）が多発する。それをロッドの素材特性でカバーしようというねらいである。

　ラインはPE（海の船釣りでは定番の軽くて軟らかく伸びがほとんどない縒りイト）4〜6号。障害物の多いところをねらうのと、ラインを水中に沈めることがほとんどないので強度を優先させている。

　ルアーはトップウォーターの中でもノイジー系と呼ばれるタイプをメインに揃える。ラインを結ぶアイ側に大きな金属板が付いていることが多く、これはラインをリトリーブするとその抵抗で水音を出したり、しぶきを上げたり水面に波紋を作ったり、激しくアクションする。ナマズは音や振動に敏感らしく、ルアーのこのアクションによく反応する。

　また見た目がカエルそっくりのフロッグルアーは、ボディーが軟らかい素材で中空構造になっており、食い込みのよさをねらっている。フックは上向きでボディーにピタリと沿わせることでウイードレス（引っ掛かり防止）効果の高いものが多い。

おすすめ キャンプ飯

泥臭いイメージがひっくり返る

ナマズ（キャットフィッシュ）のあっさりフライ

アメリカではナマズ類はフィッシュ＆チップスの食材で、地域によってはポピュラーな食べ物。ここでは本場に倣って!? 小さめのキャットフィッシュにご登場いただいた。もちろん在来種のナマズでも美味しくいただけるハズ。ホクホクの白身はそのまま食べてもいいし、ポン酢などに漬けて食べてもいい。

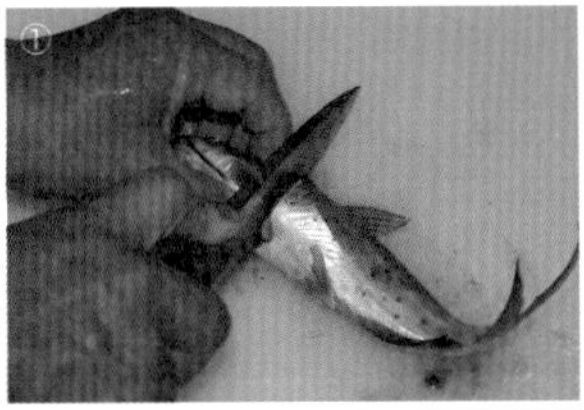

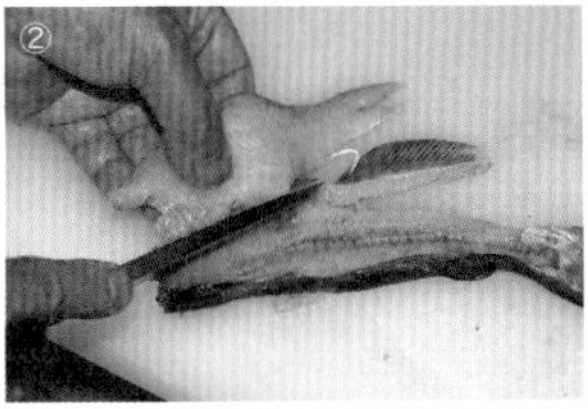

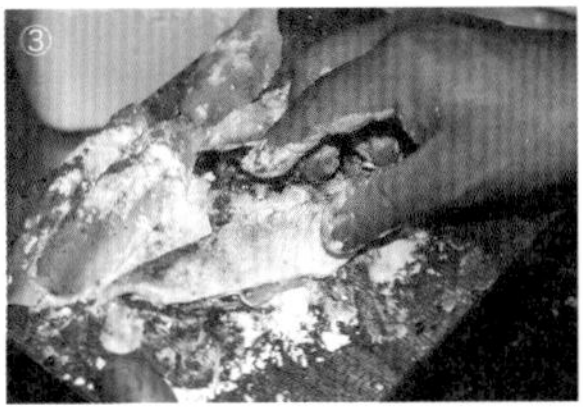

材料

ナマズ（キャットフィッシュ）、塩、こしょう、小麦粉、揚げ油（オリーブオイル3：サラダ油2）、じゃがいも

作り方

①頭を断ち、切り口から腹を割いて内臓を出す
②きれいに血合いを洗ったら3枚におろしていく
③切り身に軽く塩こしょうをして小麦粉をまぶす
④揚げ油を180℃（菜箸を入れるとジュワッとなる）に熱してから切り身を投入してカラリと揚げる。同時にじゃがいもも揚げて添えてもいい

こうすれば釣れる！

まず、重視したいのは天候と時間帯。夜行性のナマズだけに朝夕や曇天などのローライト時が有利。水の濁りもプラス要素だ。フィールドは、幅10m未満、水深60㎝以下の河川を目安に捜してみよう。写真にもあるとおり、ひとまたぎにできるようなクリークも立派なポイントになる。そのため高い場所からルアーを真下近くに落とし込んだり、ピッチングというアンダーハンドで振り込むことも多い。

ルアーは、水面が開けた釣り場ならノイジー系、アシや水草が繁茂する場所では根掛かりしにくいフロッグをチョイスする。そして、ナマズが見えていれば別だが、基本的にはアシ際や岸のエグレなどの障害物ぎりぎりをねらっていく。

キャストしたら着水とほぼ同時にバイト（ルアーに食ってくること）することもあるので集中したい。反応がなければルアーをリトリーブしてアクションに移る。

ヒットしたらリールを巻いてすみやかに取り込む。素手では難しいのでネットがあると大変便利だ。

河川河口部は、希少な天然ウナギに出会えるチャンスのあるフィールドだ

こちらはアユが生息する清流域で穴釣りで掛けたウナギ。堰堤など遡上をさえぎる人工物がなければウナギはどんどん上流へ上がっていくことができる

大都市の河川下流部はウナギ釣りのメインフィールド。日中は誰でも手軽にねらえ、夕暮れ以降はネオンが別世界を演出してくれる

ウナギ

汽水からアユが棲む清流まで広範囲の水域に生息

ウナギってどんな魚？

分布や特徴は？

青森県から屋久島までの太平洋沿岸、琉球列島に分布。そのほか北海道南部、青森県から九州西部までの日本海・東シナ海沿岸に散発的に分布する。
ウナギは淡水域で成長し、海に下って産卵とふ化を行なう「降河回遊魚」。下流部の汽水域からアユが棲む中流域まで、河川のさまざまな場所で見られ、湖沼にも棲む。夜行性で日中は岩の隙間や泥の中に隠れている。夜間になると活発に行動し、甲殻類やカエルなどの両生類、小魚などを食べる肉食性。

近年は減少が著しく、環境省のレッドリストでは絶滅危惧種ⅠB類に指定されている。原因は諸説あるが、海と川の行き来を阻害する河口堰やダムなどの人工物の影響も指摘されている。

大きさは？

最大では１mを超えるが。実際に釣れるのは40～60cmが多い。また江戸前では天然ものの供給が多かった時代には小さな若魚をメソ、メソッコと呼び料理屋で珍重された。

釣期はいつ？

春から秋にかけてがよく、特に梅雨を挟んだ季節がベストシーズンとなる。

どこで釣れるの？

分布にも記したとおりウナギはさまざまな水域で見られるが、釣りのターゲットとしては河川下流域が釣り場になっていることが多い。

ウナギを釣ってみよう

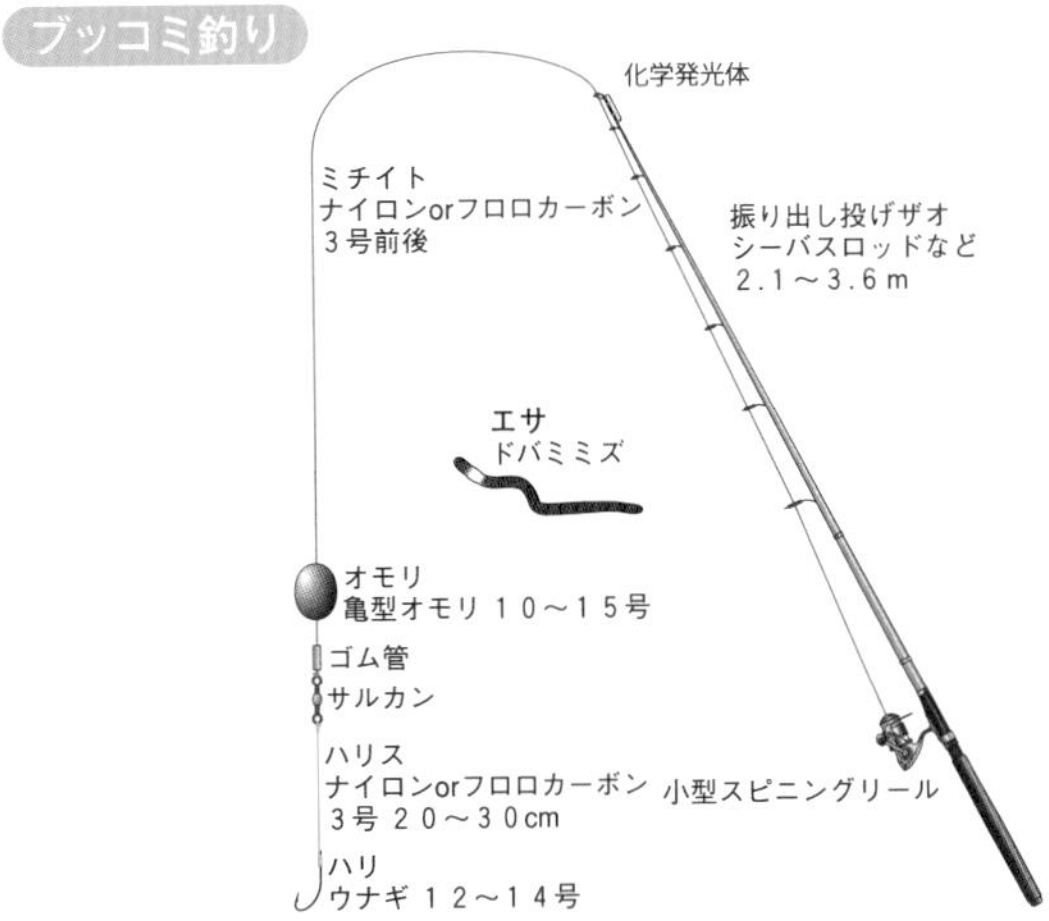

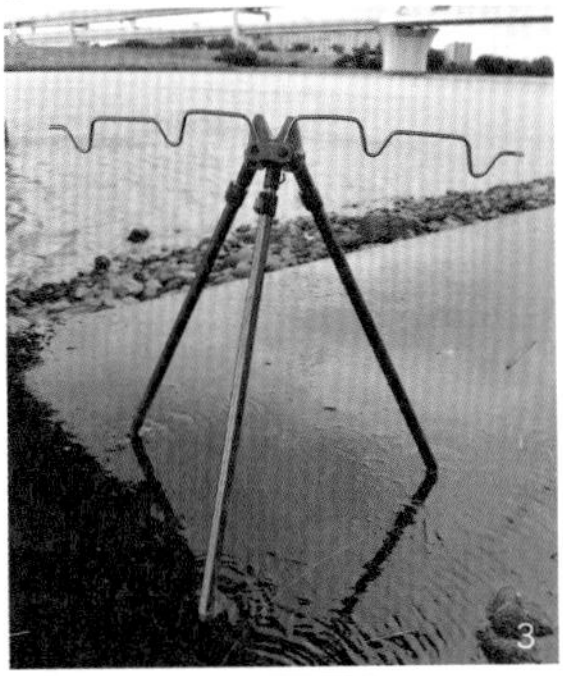

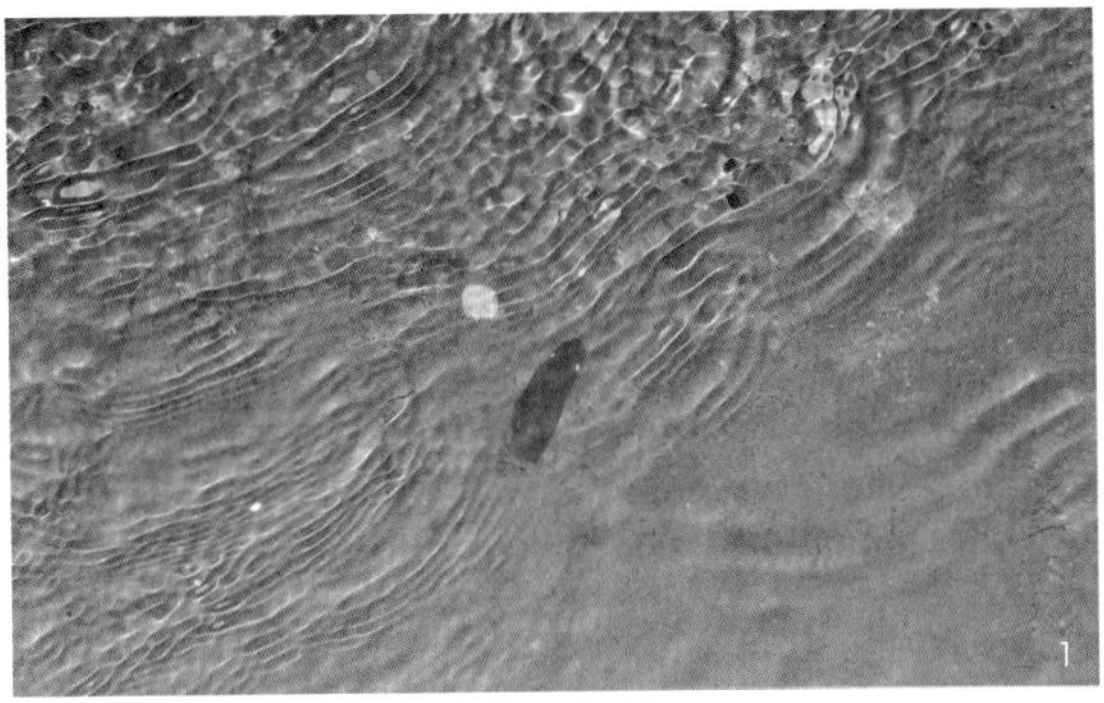

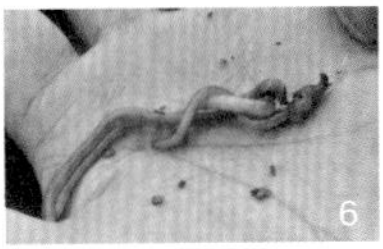

1 砂底の穴から頭をニョキッと出したウナギ。エサを捕食するときは穴から出て素早く戻る。石底の清流域に棲むウナギは岩の隙間などに身を潜めている　**2** スピニングタックルは複数用意したい。チョイ投げザオからシーバスロッドまでいろいろ使える　**3** 欄干などサオを立てかけられる場所以外では、サオを傷つけたり踏んで破損したりしないためにもサオ掛けは必需品　**4** ウナギ専用バリは軸が長いのが特徴　**5 6** エサのミミズはなるべく大きな太いものを写真のように房掛けにするとよい

オススメの釣り方は？

ウナギの主な釣り方は、置きバリ、穴釣り、ブッコミ釣りなど。ここでは最も一般的なブッコミ釣りを解説しよう。参考までに、穴釣りではまずウナギがいそうな穴の近くに生魚の切り身を近づけて臭いでウナギを刺激し、エサ付きのハリをセットした短く頑丈な中空のサオ先を穴に差し込んでアタリを待つというスタイルだ。

オススメのタックルは？

スピニングタックル（スピニングロッド＋スピニングリール）で、置きザオでねらうため複数用意できると、天然ウナギゲットへのワクワク感とともにヒットの可能性が上がる。細かいことをいえば、より巻き上げ力のあるリールのほうが仕掛け回収時に根掛かりを防ぎやすいなどの利点はあるが、まずは本数を用意したい。ロッドの適合オモリ負荷さえ合えば、ルアーのシーバスロッドなどでもかまわない。また、後述するがブッコミ釣りでは夕方から釣り始めることが多く、サオ先に目印となる発光体（釣具店で入手できる）をセットするとア

1尾釣れたりアタリがあったら連続することが多く、そのチャンス時合を逃さない

ポイント捜しはまず護岸の変化やゴロタ、橋脚周りなどに目をつけ、実際に仕掛けを投入するのはウナギがエサを漁りに徘徊する近くの「泥底」。オモリを引いてきて引っ掛かるものがなければ泥底であることが多く、流れが緩ければなおよい

付近を泳いでいる小魚やカニを捕まえてエサにするのも大変効果的だ

根掛かりするようなものが多く沈んでいる場所では浮き上がりの早いジェットテンビンを使うと仕掛けのロストが少ない

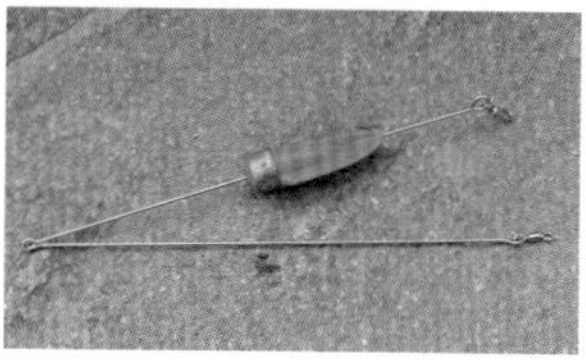

タリが分かりやすい。

仕掛けは、ナイロンまたはフロロカーボンライン3号前後に中通しオモリ（底で安定しやすい亀型がおススメ）とクッションゴムを通し、サルカンを介してハリス付きのハリをセットするだけというシンプルなもの。これは、障害物も多い下流域の川底をねらうためだ。根掛かりが多い場所では、オモリが一体化したジェットテンビンを使い、仕掛け回収時の浮き上がりを早くして根掛かりを防ぐという手もある。またそのような釣り場の特徴から、仕掛けは予備を多めに持っていくようにしたい。

エサは、ドバミミズのほか、なるべく太いミミズを複数掛けにしたり、特に汽水域ではカニやハゼなどの小魚を現地調達してエサにするのも大変効果的。

最後に、ヘッドランプなどの照明器具も忘れずに。また釣ったウナギはエアポンプ付きのバケツがあると生かしておくことができる。

こうすれば釣れる！

ウナギ釣りといえば夜釣りをイメージす

おすすめ キャンプ飯

釣り人究極の特権
天然ウナギのうな丼

ウナギをさばくには目打ち釘が必要だったり大変だが、その先に大きな満足感が待っている。

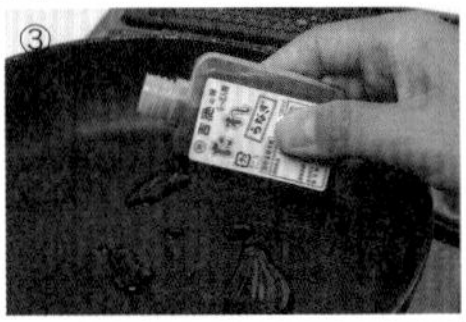

材料
ウナギ、市販のウナギのたれ、炊きたてご飯、粉さんしょう

作り方
①さばいたウナギは２～３等分に切り分け、まずはフライパン用ホイルシートを敷いたフライパンで白焼きに。油を使わず、中高温～中温で身から焼き始め、いい焼き色が付いたら皮目を焼く
②野性味たっぷりのキャンプ料理の場合は蒸しの調理をカットしても OK。弾力がある身に仕上がるはず
③次は蒲焼きの段階。今度はフライパンに直接ウナギのたれを垂らす。１人前は 40 ～ 50ml が目安
④弱火でたれが沸騰してきたらごく弱火に落とし、身を伏せて切り身を揺すりながら１分ほどたれを絡める
⑤ここで裏返し、焦げないように注意しながら皮目も 30 秒くらい絡めると蒲焼きの出来上がり。丼に盛ったご飯と蒲焼きの上からたれを回しかけ、好みで粉さんしょうを振る

る人も多いと思う。実際は日中に釣果を上げているベテランもいるので、必ずしも夜間オンリーというわけはないのだが、最初は安全面も考慮して夕マヅメ（日没前後）を中心にねらってみるとよい。ちなみに、日中は雨後などで濁りがある時はねらいめになる。

釣り場は、カーブの外側や消波ブロックがある流れの強い場所は避け、緩やかな流れの場所を捜そう。水底の傾斜が少ない泥底だとなおよい。

アタリは、最初にツン、ツンという間隔のあるアタリが出たら、ウナギ濃厚なので集中！　置きザオにしていたらすぐに持ち、次にツンときたらリールを巻きながらサオを立てて即合わせる。掛かったら、ウナギが近くの障害物に逃げ込まないようにそのまま一気に巻き上げて取り込むようにするとバラシ（逃げられること）が少ない。

ウナギは1回アタリが出るとその後も続くことが多い。このように食いが立つ時間帯を時合《じあい》という。したがって他の置きザオも抜け目なく観察し、貴重な天然ウナギゲットのチャンスをものにしよう。

左がオス、右がメス。ハサミの大きさの違いでひと目で分かる

テナガエビが身を隠せる場所が多いポイントは特等席

潮の干満の影響を受ける汽水域は水が引く干潮時がポイント観察のチャンス

テナガエビ釣りならではの十字テンビン

テナガエビ

梅雨時をメインに汽水・河川下流部で

テナガエビってどんな魚？

分布や特徴は？

青森県から九州沿岸までに分布する。両側回遊性のため、基本的には河川で成長・産卵し、ふ化した幼生は海や汽水に流下し、成長してふたたび川を遡上する。これとは別に湖沼などで一生を過ごすものもいる。

名前のとおり、ときには体長よりも長く発達する前から２番目の１対の脚が特徴。この脚で水生昆虫や小魚をつかまえ、ほかにも動物の死骸、植物まで食べる雑食性。

またひと口にテナガエビといっても、実際には「テナガエビ」「ヒラテテナガエビ」「ミナミテナガエビ」の３種がいる。最も多いのはテナガエビで、ヒラテテナガエビは胸頭部に他の２種には見られる「m」模様がないのと、ハサミが太く平べったい。ミナミテナガエビは「m」模様がテナガエビよりくっきりしている、などの違いがある。

大きさは？

腕の長さを除いた体長で約 9cm ほど。腕までを入れると 20cm 以上になるものもいる。

釣期はいつ？

春から秋にかけてが釣りやすい。なかでも６～７月の梅雨時はベストシーズン。

どこで釣れるの？

釣り場として圧倒的に人気なのは汽水域を含む河川の下流～河口部付近。岸際のゴロタ石や波消ブロック、橋脚などが好ポイントになる。

テナガエビを釣ってみよう

ウキ釣り&十字テンビン

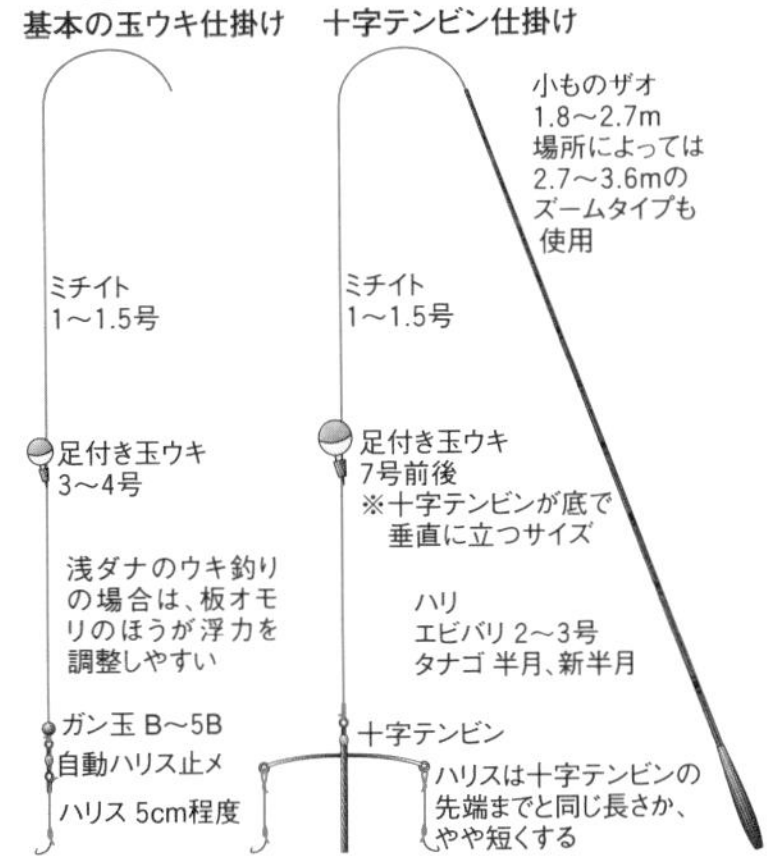

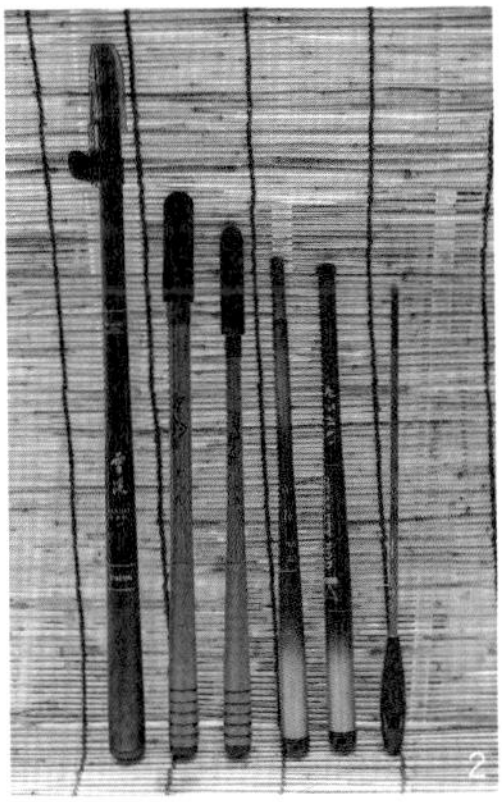
2

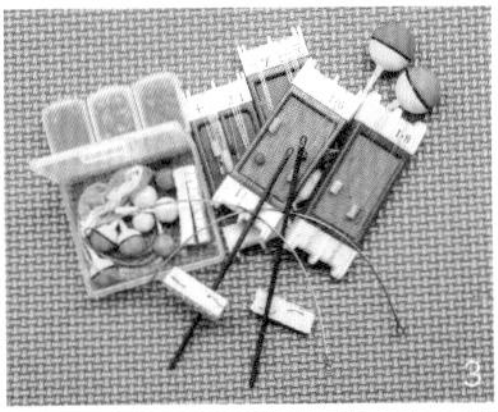
3

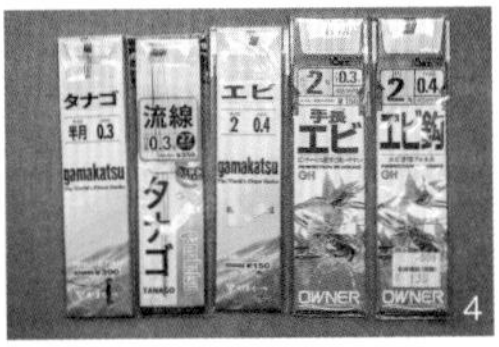

4

5

6

1

1 サオ置き台をDIYして並べ釣りをするのも楽しい　**2** 仕舞い寸法の短い小継ぎザオは複数携行するのに便利　**3** 仕掛けは至ってシンプル、小さなケースが1つあればこと足りる　**4** ハリはテナガエビ専用のほか、タナゴバリなども使える　**5** エサのアカムシは頭部にハリをチョン掛けにする。赤虫の色が抜けたら即交換　**6** 釣ったテナガエビはエアポンプ付きのクーラーで生かしておく

オススメの釣り方は？

玉ウキを使ったウキ釣りが手軽で楽しく、老若男女すぐに始められる。

オススメのタックルは？

サオは、釣り場にマッチした長さのノベザオ。基本的にテナガエビが身を隠しやすい岸近くの障害物周りをねらうので、2m前後の出番が多い。場所によってはそれ以下、あるいは長さ調整の利く2・7〜3・6mのズームロッドを使うこともある。

また、1本ザオでも問題ないが、複数のサオをだしてねらうのも楽しい。その場合は、釣り場の足元がコンクリート護岸であることが多いので、サオに傷がつくのを防止する目的と、転がったりしないようにサオを固定できる道具があると便利だ（写真1参照）。

ミチイトはナイロン1〜1・5号。これにウキ止めゴムを通して玉ウキをセットする。オモリはガン玉と呼ばれる割れ目の入った球状の小さなオモリか、千切ってウエイト調整ができる板オモリを使用。そして自動ハリス止メに、ハリス付きのテナガ

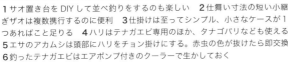

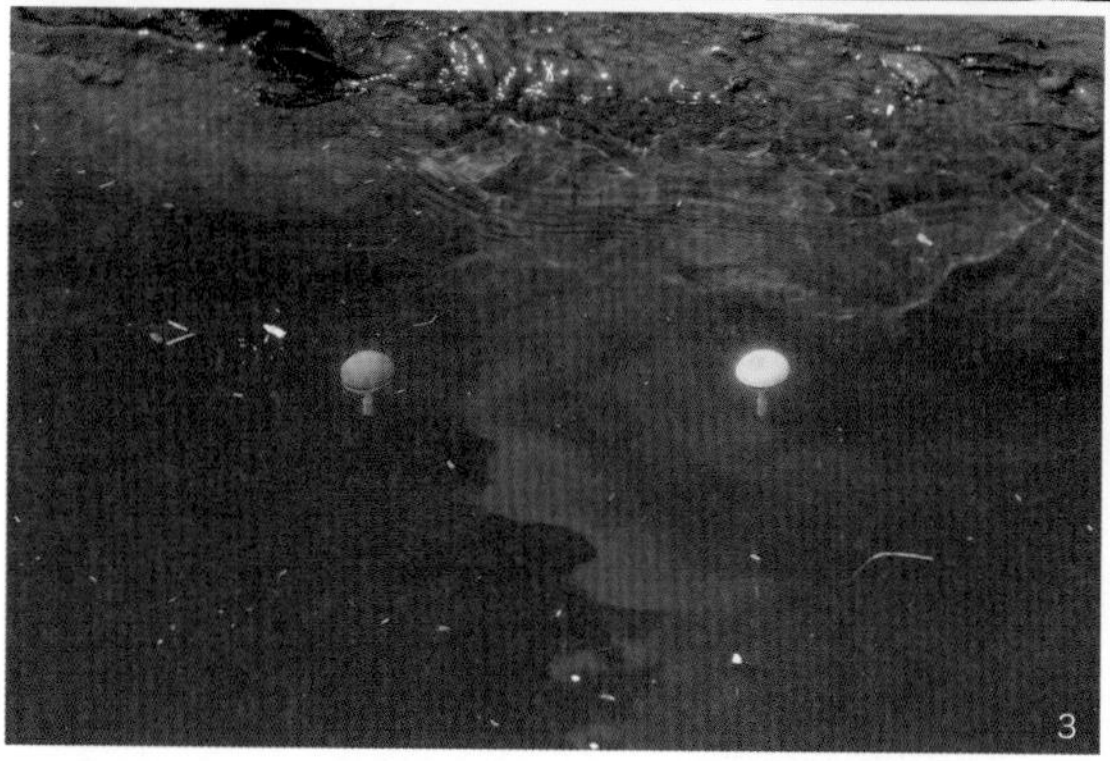

1“テトラマンション”と呼ばれる消波ブロック周りは絶好のポイント　2日陰のできる橋脚下は夏でも涼しく梅雨時は雨避けにもなる　3玉ウキが動き出してもあわてず騒がす、テナガエビが住処に戻ってエサを食べ始めるまでアワセは我慢、我慢　4秘かな“お宝ポイント”を発見する楽しみも　5たくさん釣れたら楽しいアフターフィッシングが待っている

エビ用ハリ2号をセットする。自動ハリス止メとは極小のヘアピンのような接続具で、スリット部分にハリスをゆっくり挟み込んでいくと留まるようになっている。ハリスは5㎝程度と短めにして余りはカット。

また、テナガエビ釣りには十字テンビンというヤジロベーのような独特のテンビンがあり、入手できればぜひ使ってみたい。器用な方は自作にチャレンジしてみても面白いかもしれない。

エサは、ミミズや赤虫など。大型テナガには、ワカサギ釣りのエサのベニサシも効果的だ。

こうすれば釣れる!

テナガエビ釣りで大切なのはまずポイント選び。ゴロタ石や消波ブロック周りはもちろん、そこにアシなどの水生植物が絡んでいればなおよい。

次に重要なのが、汽水域では潮の干満による水位の変動に気を付けること。下潮時にはポイントが干上がったりすることが多い一方で、満潮いっぱいの時は水があっても食いが止まったりする。したがって、上

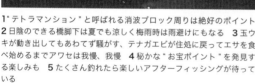

おすすめ キャンプ飯

目にも鮮やか
テナガエビの素揚げ

解説不要、熱々を口にすれば、やめられない止まらない美味しさ。

材料
テナガエビ、粗塩、揚げ油、ライムやレモンなど柑橘類

作り方
①下処理は粗塩をたっぷりと振って、ケガをしないように菜箸などでかき回して汚れを取り除く
②2～3回水洗いした後、ペーパータオルなどに取って十二分に水気をふき取る
③揚げ油は170℃前後の中温に熱し、鍋の縁から静かにテナガエビを入れる
④真っ赤に色づき、油の表面に浮かんでくれば揚げ上がり。熱々のうちに塩を振り、ライムなどを絞って召し上がれ。素揚げは油が飛び散りやすく、自信のない方はまんべんなく小麦粉をまぶして空揚げがよい

げ下げとも3分から7分にかけての潮が動く時間帯をねらうようにする。釣具店で扱っている潮時表や、インターネットで釣り場付近の潮汐を確認しておくとよい。ちなみに、干潮時はポイントの水底を観察するには好都合だ。

さて、ここぞというポイントに仕掛けを入れたらアタリを待つ。玉ウキがゆらゆらと上下左右に動いたら、すぐに合わせるのは厳禁。テナガエビはまだエサをハサミでつかんでいるだけなので、違和感を与えるとすぐに離してしまう。ここは合わせたくなるのをグッとこらえて待つ。するとテナガエビは身の安全を確保できるところまで移動してから、ようやくエサを口にもっていく。この間およそ数秒～数十秒。ウキの移動が止まったら、そこからさらに10数えてサオを少し上げて止め、反応をみる。ここでサオ先をつつくような感触を得たら、もう一勝負。小さな重みを感じながら10、20㎝と再度サオを上げると、テナガエビがバックしていく小気味よいアタリが伝わってくる。ここまでくれば完全にフッキングしているはずなので、安心して取り込もう。

好奇心おう盛なハゼはエサを見つけるとすぐに寄ってくる。しかし数を釣りたいなら、それなりにコツを要する

ハゼ(マハゼ) 都市部の散歩道脇も好ポイントに

ハゼ（マハゼ）ってどんな魚？

分布や特徴は？

本州沿岸のほぼ全域と北海道南部に分布。１歳で最大 20cm 前後になり産卵後は死亡する「年魚」。越年して２歳魚になる個体もいる。

かつて東京湾では「江戸前のハゼ」は代表的な釣りものの１つで、岸釣りはもちろん、秋は羽田沖などに無数の小舟が浮かび大勢の人がハゼ釣りに興じた時代があった。その賑わいは過去のものとなったが、現在でも河川に沿う遊歩道などから手軽にハゼ釣りが楽しめる。またハゼ釣りが盛んではない地域でも、河口部などを探るとたくさんハゼが釣れることがある。

近年はコロンとした形が特徴的なクランクベイトというタイプのルアーを底に当てながらリトリーブして釣る「ハゼクラ」も人気だ。

大きさは？

シーズン初めの梅雨時は 10cm 未満も多いが、ハゼは年魚で成長が早く、秋には 10 ～ 13cm クラスも増え、晩秋から冬の落ちハゼの季節には「ケタハゼ」と呼ばれるより大型も釣れる。

釣期はいつ？

７～ 12 月。９～ 10 月は型もよく気候も穏やかで釣りやすい。気温と水温が下がるとハゼは深場に落ちていくので釣りにくくなる。

どこで釣れるの？

汽水域と呼ばれる、淡水と海水が混じる河川下流から河口部、湾内などが主な釣り場になる。

こんな大都会のど真ん中でもハゼの顔を見ることができる

川も空も広い河口近くはそこにいるだけでも気分がいい。ハゼ釣りが盛んなエリアではレンタルボートもあり、岸とボートの両方から楽しめる

ハゼを釣ってみよう

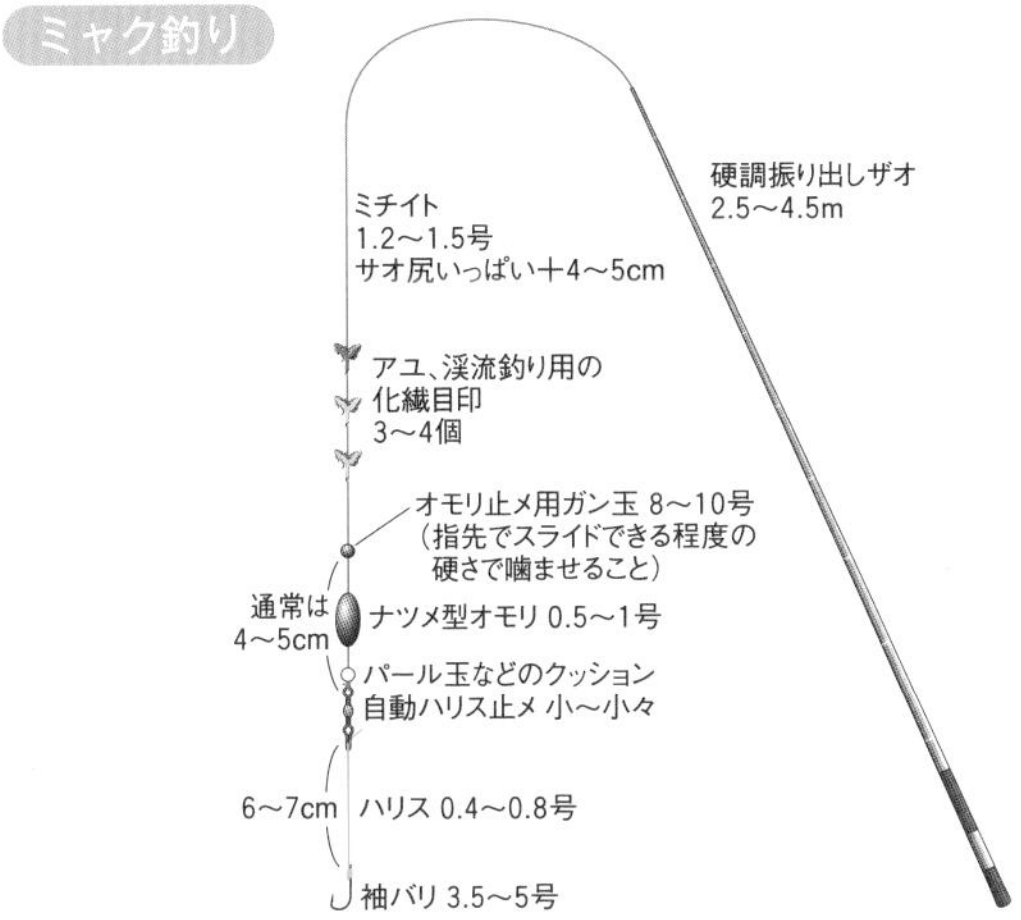

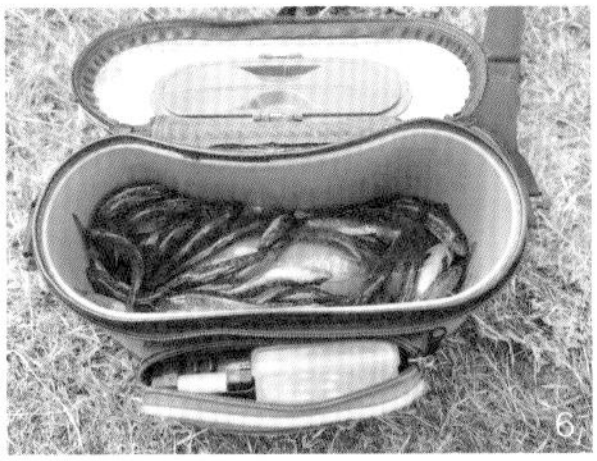

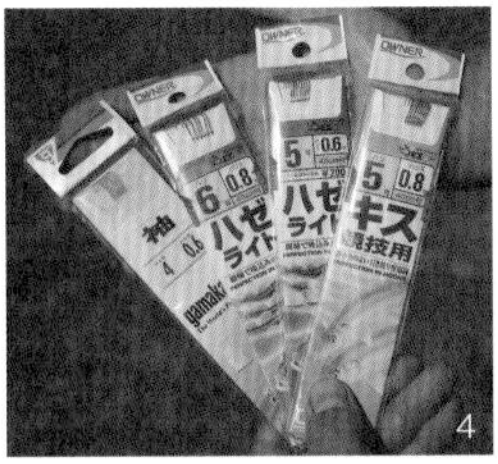

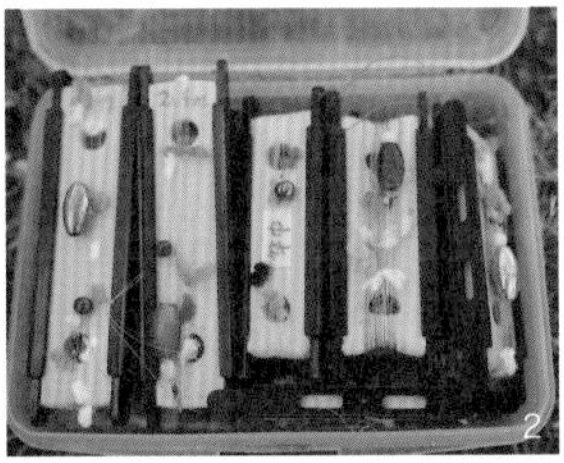

1 小さな移動を繰り返すハゼ釣りでは携行性に優れる小継ぎの振り出しザオが便利　**2** 仕掛けはあらかじめいくつか作っておくとよい。収納は100円ショップで市販しているケースが便利　**3** 目印はミチイトに化繊タイプを数個付ける　**4** ハリはハゼ、キス、袖など。号数はハゼのサイズに合わせる　**5** エサはアオイソメが一般的（付け方は次頁）　**6** 釣った魚は携行タイプの小型クーラーに入れる。暑い季節は凍らせたペットボトルを入れておくと保冷剤代わりになり便利だ

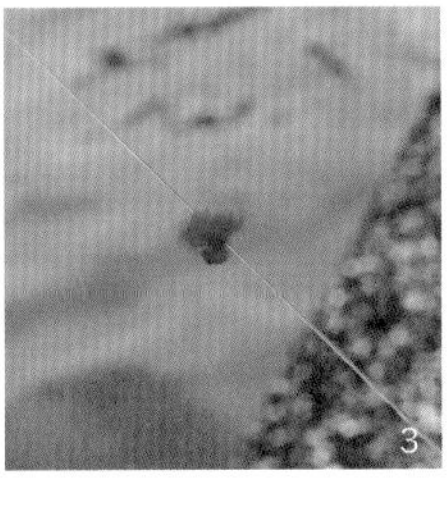

オススメの釣り型は？

近年は、クランクベイトという太った小魚をデフォルメしたようなボディーのルアーを、底に当てながらリトリーブしてハゼをヒットする「ハゼクラ」が人気上昇中。しかし、ここでは老若男女が手軽に楽しめるザ・ハゼ釣りともいえるミャク釣りを紹介しよう。

オススメのタックルは？

サオはアタリを取りやすい硬調子（サオを曲げた時、カーブの中心が穂先側になる）のノベザオを選ぶ。長さは釣り場やサオを使う人の体力に合わせて2～4・5m。ただし、サオ以上の水深がある場所だと釣りにならないので、その場合はリールザオの出番となる。

ミチイトはナイロン1・2～1・5号に化繊目印を3～4個付け、小さな中通しオモリとオモリ止め用のガン玉をセットする。そしてミチイトの先端とハリス付きハリを、自動ハリス止めという接続具に結んでセットすれば仕掛けの出来上がりだ。

目印を付けるのが手間だという人は、代

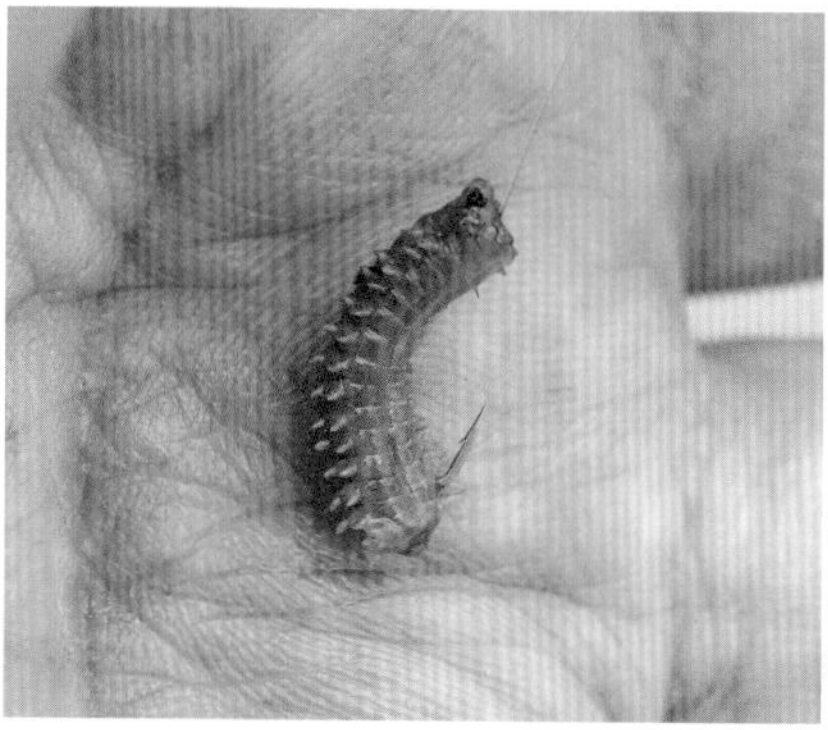

エサのアオイソメは短く千切って写真のように付ける。タラシ（余分）を長くすると無駄にエサを取られるだけだ

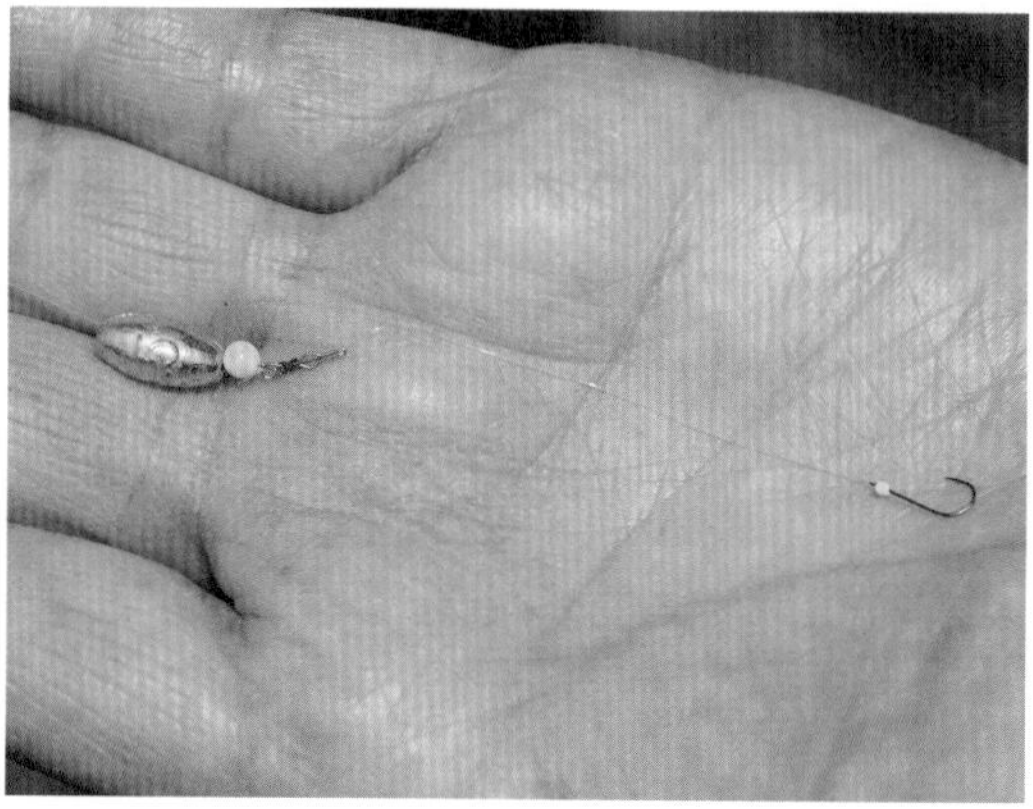

ハリスは6〜7cmと短めにする。長いとアタリが分かりづらい

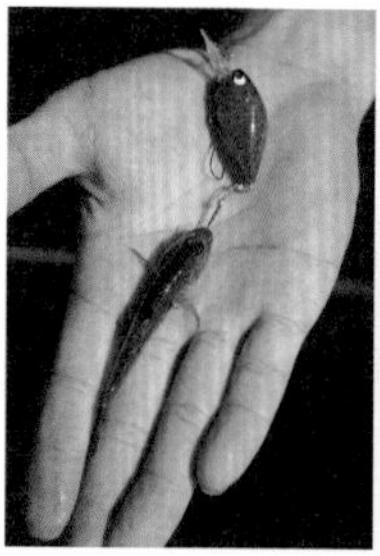

こちらは近年人気の"ハゼクラ"でヒット。小型クランクベイトで底をリトリーブしてハゼを誘う

食いが立つ時合をとらえれば束（100尾）も夢ではない。釣り終えたらジップバッグなどを活用して保存すると便利。暑い季節は保冷も忘れずに

ハゼは障害物周りを好む。桟橋など変化のある場所を探っていこう

わりにウキを付けてウキ釣りにしてもよい。その場合はウキとオモリの浮力バランスに注意。ウキが水面上にほんの少し出る程度にセッティングするとよい。

エサはアオイソメが一般的で、釣具店で簡単に入手できる。ハリに付ける際は、たくさん釣れる時は硬い頭側、アタリがない時は真ん中から後ろの軟らかいほうを、それぞれ千切って付ける。どちらもハリ先から出た余り（タラシという）はわずかにする。長いとハリ掛かりしにくいからだ。

こうすれば釣れる！

ハゼは底にいる。そして活性が高い時はすぐエサに飛びつく。そこで、仕掛けを投入したらオモリが底に付くと同時に余計なイトのタルミを取り、5〜15秒間に全神経を集中してアタリを待つ。アタリが出なければ次のポイントに振り込み直す。

それでもアタリが遠いと感じたら、今度はサオを操作して底に付いたオモリを軽く動かしてみる。動かすといっても、オモリがわずかに1cmほど上下に動くイメージだ。ハゼは動くものに強い興味を示すので、

おすすめ
キャンプ飯

野外で手軽にイタリアン

ハゼのマリネ

昼に釣ったら夜には食べごろに。アルコールとの相性もバッチリ。

材料

10cm 以下の小型ハゼ、セロリ・ミニトマト・グリーンアスパラガス・玉ネギ・ラディッシュなど野菜類、スイートバジル、マリネ液（オリーブ油 100cc、白ワインビネガー・レモンの絞り汁各 50～60cc、塩こしょう適量、砂糖ひとつまみ）、小麦粉、塩こしょう、揚げ油

作り方

①ハゼはウロコを引いて頭を切り落とし、内臓を取る。水気をふき取ったら小麦粉と一緒にポリ袋の中で振って揚げ衣を付けて、170～175℃の揚げ油でからりと揚げる

②揚げバットに取って余分な油を切る。この段階で塩を振るとハゼの空揚げになる

③たくさん釣れた時は空揚げを使ってマリネを作るとよい。アスパラガスは下ゆでし、野菜類はある程度大きさをそろえて切る

④熱々の空揚げと野菜類を密封容器に入れ、マリネ液を回しかける。食べごろは3時間後から3～4日後まで

①

②

③

④

これが誘いになる。ハゼクラもこの性質を利用したものだ。

　それでも反応がなければ、少し歩いて移動する。この繰り返しで効率よく好ポイントを見つけ出そう。

　アタリでビギナーに一番多いのが、手元にブルブルッと感触が伝わってくるもの。ここで合わせても釣れるが、実はこの段階ではハゼはエサをくわえて逃げようとしているタイミングであることが多く、ハリ掛かりしないことが多い。

　できればその前に出る、小さなアタリを取れると釣果は断然アップする。目印に出るだけの変化や、重さがかすかに変わったような感触があれば、少しだけサオを上げて合わせてみよう。

　空振りだった時は、振り込み直す前にエサをチェック。エサがズレていたら食っていた可能性が高い。一部が食べられていたら間違いなし。すぐにエサを付け替えて同じポイントをもう一度ねらおう。

　このように、アタリを介してハゼと会話を楽しむように釣り続けると、あっという間に楽しく時が過ぎていくはずだ。

Chapter 3

釣り解説

海編

今度の釣りキャンプは海へGO!

でもその前に…知っておきたい
海釣りのルールとマナー

キャンプと釣りの相性が非常にいいことはご理解いただけただろう。でもそれは川や湖といった淡水の釣りだけではない。海での釣りもまたキャンプをより楽しくしてくれる遊びである。海の釣りを楽しむためのルールとマナー、そして注意事項がいくつかあるので紹介しよう。

まずは挨拶から始まる

海釣りで最も敷居が低い釣り場が堤防や漁港だろう。最近では釣り公園などにデイキャンプ場が隣接されているところも多い。

駐車場が完備され、トイレもあって売店もあって足場もよい。そんな釣り場には大勢の釣りファンが押し寄せる。そうした混雑した釣り場であとからポイントに入る際

人気の堤防ともなると隙間がないくらい多くの釣り人で混みあっているところもある。ここまで混んでいなくても、隣の釣り人に「おはようございます。ここでやっていいですか?」と挨拶することから釣りが始まる

には、なるべく距離を空けるようにして、なおかつ両隣の釣り人と挨拶を交わし、ここで釣らせてもらっていいかの確認を取っておくとお互い気持ちよく釣りができる。

多様な釣り人が集まるからこそ他人に配慮

腰を落ち着けて魚の回遊を待つサビキ釣りもあれば、アタリを求めてどんどん歩いていくヘチ釣りやシーバスなどのルアー釣りもある。自分のサオの穂先の変化を注視しつつ波止際を歩いていると、気づかずに他人のサオやウキなどを踏んでしまうことがある。これは踏んだほうは注意力散漫、前方不注意。ただし踏まれたほうも踏まれて困るものはなるべく立てかけておき、なおかつ荷物は、歩いて探る釣り人の妨げにならないように水際ではないところにコンパクトにまとめておくなどの配慮が必要。目の前を見るだけではなく、広い視野で歩く釣り人たちの動線を理解し、お互いが邪魔にならないように配慮しよう。

ぱっと見える範囲でジギング、エギング、カゴ釣り、サビキ釣り、チョイ投げなど思い思いの釣りを楽しんでいる人が集まっているのが堤防だ

足を使ってどんどん移動を繰り返すルアー釣りなどでは他の釣り人の置きザオなどを踏まないように注意したい。逆に荷物を置く人も踏まれないようにする配慮が求められる

投げる前には後方確認！

ルアー釣りや投げ釣りなど大きく振りかぶってキャストをする釣りでは、必ず毎回後方の安全を確認すること。釣り人の背後を歩く際も、目の前の釣り人が投げる動作をしたら一旦停止して、キャスト後に後ろを通過するようにしよう。

大きく振りかぶって投げる釣り（ルアー釣り、投げ釣り、カゴ釣りなど）ではしっかり後方の安全を確認してからキャストの動作に入ること

目前にナブラが立つと夢中でキャストをしてしまうが、必ず背後を振りかぶって安全を確認すること。特にルアーは大きなフックがむき出しで危険なので注意したい

仕掛けを投げる際は他の釣り人の邪魔にならないコースを確認することも大切だ。潮が速いのに軽すぎるオモリを使って遠投すれば仕掛けが流されてオマツリの原因になる。オモリを重くする、チョイ投げにするなどの配慮が必要だ。

来たときよりも美しく！

ハリの付いた仕掛けを堤防の上に残すと大変危険。透明なイトは見えにくいため気付かずその上を歩けば仕掛けが足に絡んで転倒して落水したり、足に釣りバリが深く刺さってしまう。これを海中に投棄してしまえば絡んだ仕掛けにまた次の仕掛けが絡み、という悪循環に陥り、その一帯は釣り

釣り人は歓迎してもゴミは歓迎されない。ゴミを残すために釣り人も締め出してしまう防波堤も増えている。ゴミはすべて持ち帰る。現場のゴミ箱も使わないくらい徹底したい

場というよりも海のゴミ捨て場になってしまう。

釣りを終えたあとの自分の仕掛け、堤防の上に落ちていた他人の仕掛け、海中で絡んできた古い仕掛けなどは、すべて袋に入れて持ち帰ろう。その際は、ハリが付いていると危険なためすべてのハリはチモトからハサミで切り、イトもある程度ハサミで切ってしまうと収納しやすい。そのためのゴミ袋（コンビニ袋などでよい）を予め用意し、その袋が風で飛んで新たなゴミにならないように縛っておくことも大切だ。

楽しませてもらった釣り場にゴミなど残さず、来たときよりもきれいにしてから帰ることを心掛けたい

撒きエサを使ったら流して帰る！

フカセ釣りやカゴ釣り、サビキ釣りなど寄せエサを撒《ま》く釣りは、堤防の上にも寄せエサがこぼれてしまうので、釣りを終えたら必ずバケツを使って海水で流してきれいにしよう。

どんな釣りでもそうだが、特に寄せエサを撒く釣りは堤防上に飛び散った寄せエサなどが残っているので海水できれいに洗い流すこと

どんな魚も堤防放置は絶対ＮＧ

フグやハオコゼなどの毒魚や外道を堤防の上に放置していくのはマナー違反。必要ない魚であっても優しくリリースしてあげること。特にハオコゼやアイゴなど毒ビレのある魚は死んでいてもヒレに触ればケガをするので絶対に放置してはいけない。

フグなどのエサ取り、アイゴやハオコゼなどトゲに毒のある魚を堤防上に放置する人も少なくないが絶対にやめよう。たとえ死んでも毒バリの威力は衰えないので知らずに触った人が怪我をしてしまう。どんな魚でも必要ない場合は速やかに優しくリリースする

熱中症対策は万全に

海釣り場の多くは堤防に限らずサーフも磯もほとんど日陰がない。真夏だけではなくオールシーズン必ず帽子を被って熱中症

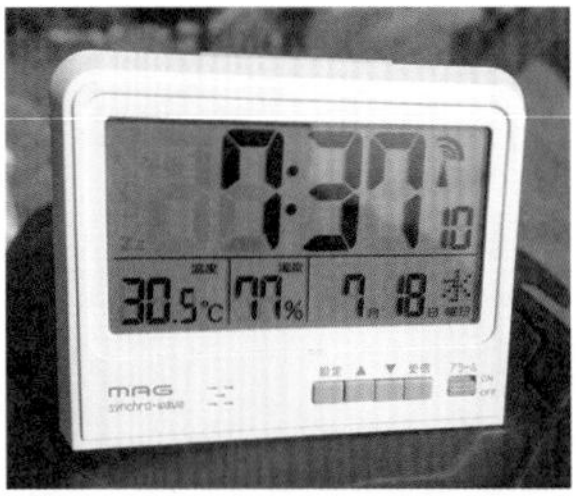

日本中で猛暑が叫ばれる夏は、午前７時台で気温 30℃超えも当たり前になった。正午に向けて、まさに殺人的な暑さになり夕方まで続くから、極力肌の露出を減らした服装で、なおかつ頭部を日光から守る帽子を被り、多すぎるくらいの量のドリンクを用意する

を予防する。また、水分や塩分もこまめに補給できるように多めに持参しよう。

日焼け止めのほか冷感スプレーなど夏を快適にするグッズも活用したい

離岸流や大波に注意

夏場はサーフに立ち込んでの釣りや、釣りの合間に泳いだりすることもあるが、遊泳禁止エリアでは絶対に泳がないこと。そうしたところの多くは流れが早く急深で、離岸流が発生しやすい。強い離岸流に流されるとあっという間に沖合に体ごと持っていかれ、いくら泳いでも岸に戻れなくなる。もしも流された場合は無理に戻ろうとせずに、強い流れから出るべく横に移動してみると離岸流から逃れられる。磯の大波、ヨタ波にも充分に注意すること。いずれにしてもライフジャケットの装着はマストである。

地磯や堤防は波が這い上がりやすい。飛沫を被るような状況なら迷わず撤収するか、風裏の穏やかな海域に避難する

釣りに限らず海水浴や水遊びでも充分に気を付けたいのが離岸流。サーフでもあまり立ち込んでの釣りは危険だ。もしも離岸流に流されたら無理に岸に戻ろうとすると体力を消耗してしまうので、岸と並行に泳いで流れから外れることを優先する

釣り禁止場所での釣りや密漁に注意

海岸線のすべてで釣りができるわけではない。私有地や橋の上などから釣るのはNGであり、釣りが禁止されている禁漁区のほか立入禁止エリアもあるので注意したい。また、特定のイカなどは禁漁期間や禁漁エリアが設けられている場合があり、タコ類は釣りをすることが禁止されている地域も多いので、事前に調べておくか現地の看板や案内に注意しておくこと。その他、貝類や海藻なども基本的に漁業権が絡むので採取すれば密漁になる。詳しくは現地の釣具店などで聞いておくほうが安心である。

漁港や磯場などにこのような看板が立っていたら必ず確認すること。特に、禁漁区や禁漁期間などを守らないと犯罪になる可能性もある。釣りはルールを守って安全に楽しもう

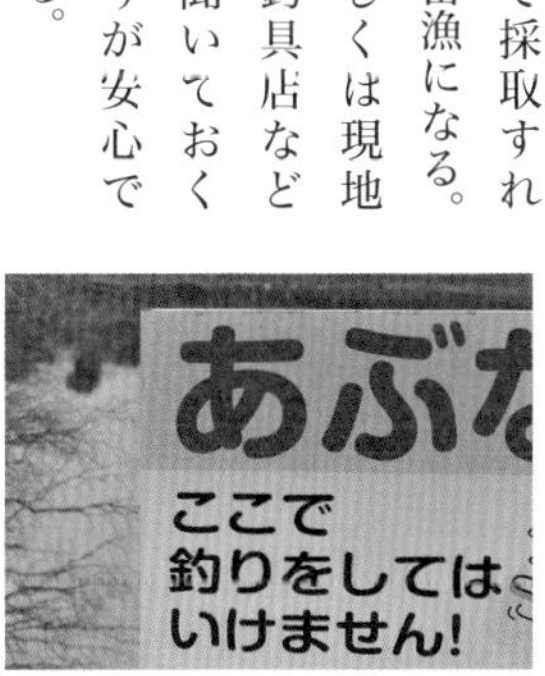

釣り禁止、立入禁止の看板があればそれに従うこと

海のもしもは118番

海の「もしも」は118番

海でもしも何か危険な状態になったとき、あるいはトラブルに遭遇・発見したときは118番に発信しよう。海上保安庁につながるので迅速に対応してもらえる。海は何が起きるか分からない。常にスマートフォンや携帯電話を肌身離さず持っておきたい。

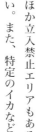

釣り解説
海編

キャンプと相性のいい4つの海釣り

キャンプの合間に楽しめる海釣りもいっぱいある。今回紹介するのはキャンプ場に隣接する釣り場や車で至近の漁港や小磯や渚で楽しめる手軽ながら奥の深い4釣法。失敗しない道具選びからポイントの選定、釣果を上げるコツまでじっくりと読みこんだらキャンプ場から海釣り場にGO！

1 楽しいキャンプの合間にこんな大きなメジナが堤防から釣れたら楽しいし、お父さんの株も上がるというものだ
2 ウキフカセ釣りは付けエサと寄せエサの同調が大事。コマセワークを親子で協力しあうのも楽しい
3 ウキフカセのみならず多彩な釣り方が確立されているクロダイは人気ナンバーワン釣魚といえるだろう

ウキフカセ釣り

海からのウキ釣りは連結のシモリ玉などを使ったサヨリやウミタナゴの釣りのほか、寄せエサを詰めたカゴを沖に遠投して回遊魚などをねらう釣りもあるが、最も人気が高いのはメジナやクロダイのウキフカセ釣りだろう。磯ザオと名前が付くとおり磯で用いるサオを使うがもちろん堤防からでも大きな武器になる。高額で敷居が高いイメージもあるが入門モデルも充実しており意外と気軽に一式を揃えて始められるジャンルだ。何より、ウキがじわーっと沈んだり、スパッと消し込む瞬間は見た目にも興奮するため誰もが夢中になる要素を持ち合わせている。

サビキ釣り

足場のよい堤防に大勢の釣り人が押し寄せているようであればきっとそこはサビキ釣り場と思って間違いない。

季節やエリアによって釣れるターゲットは異なるものの、小アジや小サバ、多彩なイワシや小型回遊魚がアミコマセに集まり、市販のサビキ仕掛けに鈴なりで掛かって楽しませてくれるだろう。しかも、こうした小魚が大量に集まる堤防際には実はヒラメなど肉食の大型ターゲットも集まっていることが多い。

釣った小魚をエサに泳がせればわらしべ長者的にターゲットが豪華になるかも!?

2

1

3

1 群れを寄せてしまえばアジやイワシや小サバがご覧のとおり。手軽で楽しいサビキ釣りはファミリーフィッシングの王道だ
2 サビキ釣りはリールを使わないノベザオでも楽しめる。釣りはタックルがシンプルかつ軽量のもののほうが魚の引きを存分に味わえる
3 サビキで釣れる小魚は人間が食べても美味しいが、多くの大型魚の大好物でもある。これは釣ったウルメイワシを泳がせて食わせたヒラスズキの若魚

1

チョイ投げ釣り

　キャンプ＋釣りでは本格的な投げ釣りタックルは不要。

　万能ザオやルアーロッドなど使いやすいものとそれに合うサイズのリールがあればＯＫ。夏場なら岸近くの浅場にシロギスが回遊しているかもしれない。春や秋なら重量感たっぷりのカレイもねらえる。そして夕涼みがてらの夜釣りではイシモチも有望。ウナギという望外の喜びに沸くかもしれない。寄せエサを使わないから道具立てもシンプルで比較的軽装備なのもいい。

　ロッドの先にアタリを知らせる鈴をセットしてキャンプ時間を過ごすなんて最高の贅沢だ。

3

2

1 広大なサーフで思い切り遠投するもよし、ちょっとした渚や堤防からのチョイ投げも楽しい

2 本格的な投げ釣りタックルでキャッチしたシロギス。食べて美味しく、引きも強い

3 堤防からすぐ沖のイカダに渡れば、遠投できなくても入門タックルのチョイ投げでこんな大きなシロギスが釣れることも

1 九州から東北まで日本中の沿岸部で楽しまれている釣りがアオリイカのエギングだ。エサの用意もいらないので空いた時間にサクッと楽しめるのがルアー釣りのいいところだ
2 最近は都会のベイエリアにもBBQのできるデイキャンプ場が増えている。シーバスのルアーゲームはこんなイルミネーションに包まれて楽しむことができる
3 こうした根魚は自然が残っているところほど期待が持てる。キャンプ場周辺の磯場がさほど混雑していない穴場であれば大型カサゴや良型ハタもルアーに反応するだろう

ルアー釣り

キャンプとルアー釣りの相性も抜群にいい。

なんたってエサが不要だから小さなケースに入るだけのルアーを持って水辺へ行けばいい。

ライトタックルでカサゴ、ハタ、カマス。餌木《えぎ》をシャクればアオリイカの追尾があるかもしれない。小魚の群れの下にいるのはシーバスか青ものか。いずれも待つ釣りではターゲットに出会えない。足を使って投げ続け、誘い続けた先に感動が待っている。

楽しいキャンプをひと際楽しくするスパイスとしてルアータックルといくつかのルアーは常に忍ばせておくことを勧める。

首都圏の房総、三浦、真鶴、そして伊豆といった身近な半島の堤防からでもこのサイズのメジナに出会える

メジナ

磯ザオを満月に曲げる突進がたまらない！

メジナってどんな魚？

分布や特徴は？

メジナは大きく分けて２種類がおり、関東で広くメジナと呼ばれるクチブトメジナは新潟県から九州南岸までの日本海、東シナ海沿岸、千葉県外房から九州南岸までの太平洋沿岸、伊豆諸島、瀬戸内海に分布。エラブタの後ろが黒く、エラの端が非常に鋭く、尾柄が低く尾の上下がすらりと伸びていることから釣り人の間でオナガメジナと呼ばれることが多いクロメジナは、九州北岸から九州西岸までの日本海、東シナ海沿岸、千葉県外房から屋久島までの太平洋沿岸、伊豆諸島に分布。また、青森県から島根県までの日本海沿岸にも散発的に分布。

磯釣りでの人気ナンバーワンの魚といってよく、関西や四国ではグレ、九州ではクロと呼ばれ多くの釣り人に親しまれている。

大きさは？

磯からのアベレージは 30 ～ 40㎝。最大はメジナもクロメジナも 60㎝を超すが、一般的には 40㎝以上で良型、50㎝以上で大型といってよい。手軽な堤防からの釣りなら 30㎝以上あれば良型で 40㎝超えを手にするのはなかなか難しい。

釣期はいつ？

ほぼ周年ねらえるが寄せエサを撒く釣りなので水温が高い時期はエサ取りが多く釣りにくい。一般的には水温が低下する冬期に人気が高まり、食べても冬場は脂が乗って旨い。最盛期は、メジナは晩秋から春、クロメジナは春先から初夏。

どこで釣れるの？

潮通しのよい沿岸の岩礁域に生息し、特にクロメジナは外洋性が強いことから渡船を使って沖磯や離島に行くほど大型がねらえる。地磯からもねらえるほか、磯に隣接する潮通しのよい防波堤も手軽なメジナ釣り道場になる。

磯釣りの代表的なターゲットのため、磯が釣り場であるのは当然だが、磯に囲まれたこうした潮通しのよい堤防も立派なメジナ釣り場になる

堤防からならまずは 30㎝を目標にするといい。たかが 30㎝でも強烈な引きに驚かされるはずだ

メジナを釣ってみよう

ウキフカセ釣り

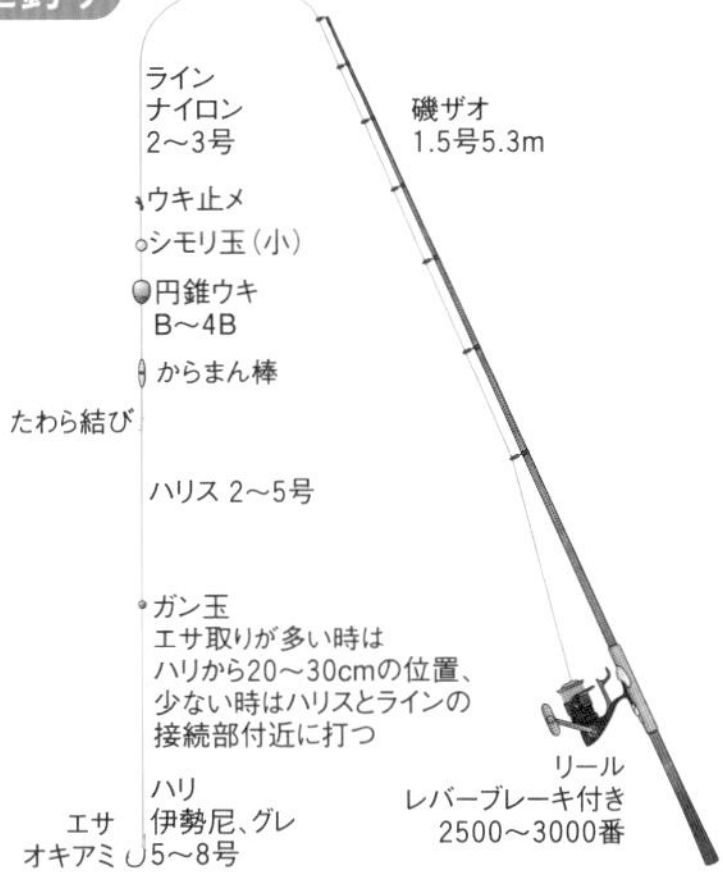

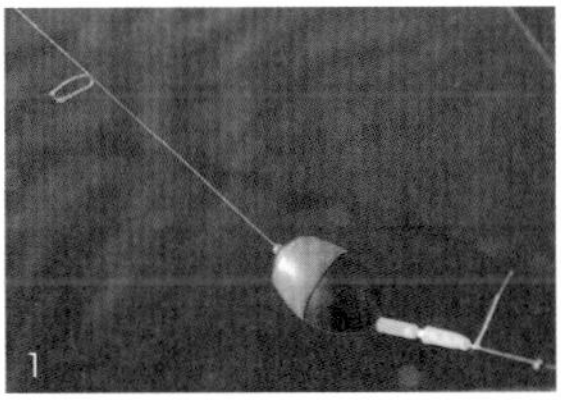
1

2

3

4

5

6

1 円錐ウキを使った標準的な仕掛け。一番上にはウキ下の長さを決めるためのウキ止めイト、シモリ玉、円錐ウキ、ウキ止め（からまん棒とも呼ばれるウキ止めゴム管）をセットし、ミチイトとハリスはたわら結びなどで直結するか小型スイベルを介してもいい　**2** 磯ザオの 1.5 号がマッチする。堤防からなら 1.2 号でもちょうどいい　**3** グレバリ 5 号を標準に何タイプか揃えておく　**4** オキアミを解凍したらすべてを細かく砕くのではなく付けエサ分はきれいなまま残しておく　**5** 専用容器に入った小分けの付けエサもある　**6** 市販の集魚剤があると集魚効果が高まるほか、寄せエサのまとまりがよくなりコントロールよく打つことができる

オススメの釣り方は？

最も人気の釣り方は、ミチイトに中通しや環付きタイプの円錐ウキを通し、ハリスとハリの間にガン玉を打っただけのシンプルな仕掛けで流れに乗せながら付けエサと寄せエサを同調させるウキフカセ釣りだ。

オススメのタックルは？

磯ザオは1・5号で5・3mが標準。胴が強く、よく曲がるため細いハリスでも切れにくくなるのも磯ザオの特徴だ。

リールは2500番または3000番のスピニングリールで、レバーブレーキ付きの磯専用機種ならなおよい。メジナは強烈なスピードで根に突っ込むため、大型がヒットするとウキが沈んだと同時にサオがのされてしまうケースもあり、そこから無理にサオを立てようとするとラインを切られたり、根に入られてしまう。そんなときにブレーキをオフにしてラインを送り込むことでロッドの角度を立てなおすことができる。

ウキは円錐タイプを使うのが一般的。最初から過剰に数を揃えようとせず、まずは

0、B、3Bを用意して、この3種類で「できること」と「できないこと」を見極めてみよう。

潮の中をフワフワと流して釣る場合は0号。シモリ（根）際をピンポイントで探る場合はB。この2種類があればかなりの状況に対応できる。サイズは潮受けをよくして流す釣りには体積・自重ともに大きいLサイズがよく、手前の根際の釣りにはMサイズ以下のウキを用意すると感度優先の釣りができる。

ミチイトは視認性がよくてガイド滑りのいい磯専用ナイロンの2～3号がおすすめ。ハリスはフロロカーボンの1・5号を中心に1～2号を用意。ハリはグレバリ5号を基軸に組み立て、遠投して食いがよい時は6号、反対に食いが悪ければ4号と使い分ける。

こうすれば釣れる！

キャンプの一環として家族や仲間と気軽にメジナ釣りを楽しむなら足場のよい堤防がおすすめだ。

ウキフカセ釣りのベテランは「堤防のメジナ釣りはコマセワークがすべて」と断言する。その理由は、磯はサラシがあって潮も流れやすいので適当な釣りをしても仕掛けも流れるし寄せエサとも同調しやすいが、堤防内でサラシが出るほどの強い流れはないためだ。それでも海なので流れは多少なりともあるので潮上に寄せエサを撒き、潮下で付けエサと同調できれば本命のメジナがウキを気持ちよく海中に引きずりこんでくれる。

エサのオキアミは3kg板を購入し、10分の1くらいを自然解凍して付けエサに使い、残りは細かく砕いてメジナ用集魚剤1袋と混ぜるとヒシャクで投げやすい寄せエサになる。

ウキ下はサオ1本＝約5mで始め、ウキに変化がないままエサが取られ続ける、もしくは釣れたメジナがハリを飲んでいればウキ下を浅く（短く）する。逆にエサが取られなければウキ下を深く（長く）する。

堤防では毎日のように寄せエサが撒かれるためエサ取りが多く、付けエサが一瞬でなくなる状況が続くなら寄せエサを分散して撒き、片方にエサ取りを集めて、付けエ

1

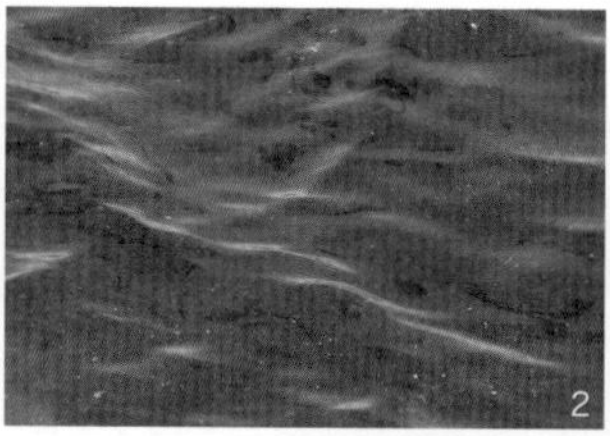
2

4

3

5

1 基本は投入した仕掛けのそば、つまりウキの近くに寄せエサを撒く　2 寄せエサを撒く着水音がした瞬間、無数のエサ取りが集まってくる。これらをかわして本命に付けエサを食べさせるのがメジナ釣りの面白さ　3 足場の悪い磯と違って堤防なら椅子に座ってのんびり構えるのもアリ　4 ダイナミックな磯に囲まれた手軽な堤防で老獪なメジナをキャッチ！ 朝マヅメよりも圧倒的に夕マヅメにチャンスを迎えることが多い　5 沖磯に乗って釣ってもうれしいサイズが堤防から釣れたらたまらない。キャンプ場の近くにもきっとメジナが釣れる堤防があるはずだ

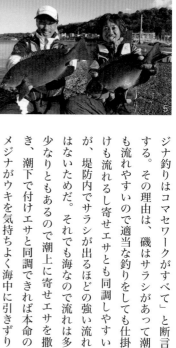

おすすめ
キャンプ飯

刺身で作る清涼感あふれる
冷製味噌汁

メジナの水なます

メジナといえば冬が旬だが、海辺のキャンプとなると夏から秋がメインだろう。人気の刺身の手順を解説するとともに、そんな季節にさっぱりとした味わいの一品を紹介しよう。

①

②

③

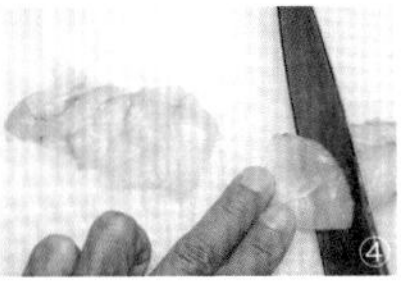
④

⑤

⑥

材料

メジナ、長ネギの白髪ネギ・万能ネギ・大葉・キュウリ・ラディッシュなど野菜類、水なます汁（味噌大さじ４、だしカップ３、おろしショウガ大さじ１、白ゴマ大さじ２～３、しょう油少々)、氷

作り方

①メジナはまず基本通りの３枚おろしにさばく
②腹骨をすき落として背身と腹身に切り分けつつ、接合部に並ぶ血合骨をそぎ取る
③節身に切り分けたら皮を引き落とす
④写真のような薄めのそぎ切りのほかブツ切りでもよい。これで刺身の完成
⑤水なますの味付けは氷が溶けて薄まることを考慮し、少し濃いめの味噌汁に
⑥氷を入れた小鉢を用意し、食べる直前にメジナの刺し身と細切りや小口切りの野菜類を散らし、水なます汁を注ぐ

サが少しでも海中に漂う時間を増やすようにする。小メジナも厄介なエサ取りにすぎず、寄せエサめがけて猛スピードで集まってくる。こんなときは付けエサの沈下速度を速めてやるのも手だ。フワフワゆっくり沈下するエサは瞬時に食われるが、ガン玉を重くして一気に表層を通過させると付けエサが残る可能性が高くなる。

テトラや沈み根などの障害物の周りもメジナが身を隠す場所になるだろう。堤防の曲がり角や意外なところではスロープ周辺も好場所である。

メジナが本格化するのは10月下旬以降。シーズン初期の高水温期は沖の水面付近に湧きグレと呼ばれる、急浮上する群れが目視できる。うまく付けエサと寄せエサを同調させることができれば堤防からでも大型がねらいやすい時期である。冬になって水温が下がるとメジナに脂が乗り美味しくなり、エサ取りの外道も少なくなって釣りやすくなる。

北海道から九州まで沿岸部や河口部など身近なところで周年ねらえるクロダイは海釣りの代表的な人気ターゲット

クロダイ

磯でも堤防でも
河口でもねらえる

クロダイってどんな魚？

分布や特徴は？

北海道から屋久島までの日本海、東シナ海、太平洋沿岸、瀬戸内海に分布。琉球列島に本種は分布しない。磯、港、河口など非常に身近な海辺に生息する。

雑食性の代表格のような魚で、エビ、イソメ、ボケジャコはもちろん、カラスガイ、フジツボなどの貝、イソギンチャク、ユムシ、変わったところではスイカやミカン、コーンやサナギなどでも釣れる。このほか最近ではチニングと呼ばれるルアー釣りの人気も高まっている。

大きさは？

ウキフカセ釣りでは30～40㎝がアベレージで、50㎝を超す大型は釣り人の間で「年無し」と呼ばれる。最大で60㎝以上にもなるが、通常は50㎝で立派な大ものと呼べる。

釣期はいつ？

ほぼ周年ねらえる。特に防波堤のヘチを垂直に探る落とし込み釣りは高水温期が最盛期になる。一方、ウキフカセ釣りはエサ取りが減る低水温期のほうが盛んで、産卵で浅場に近寄ってくる3～5月の春の乗っ込みと、越冬前に荒食いする10～11月の秋はベストシーズン。

どこで釣れるの？

メジナと釣り場が重複する場合もあるが、どちらといえばメジナよりも塩分濃度の薄い、川の影響を受ける汽水域に多い。河口はもちろん、河口の下流域まで行き来することも多い。透明度の高い海域よりも濁った水を好み、やや汚れた都市河川にも多い。

メジナは周囲を磯に囲まれた塩分濃度の濃い海域の防波堤の中でも潮通しのよい先端部から釣ることが多いが、クロダイは港内やスロープ、塩分濃度の薄い河口域などに多い。ボラの群れている場所なら大抵クロダイがいると思っていい

夏の高水温期でキャンプ場近くの堤防のヘチにクロダイが寄っている状態ならウキも寄せエサも使わない落とし込み釣りも面白い。タイコリールのダイレクトなやり取りはやみつきになる

クロダイを釣ってみよう

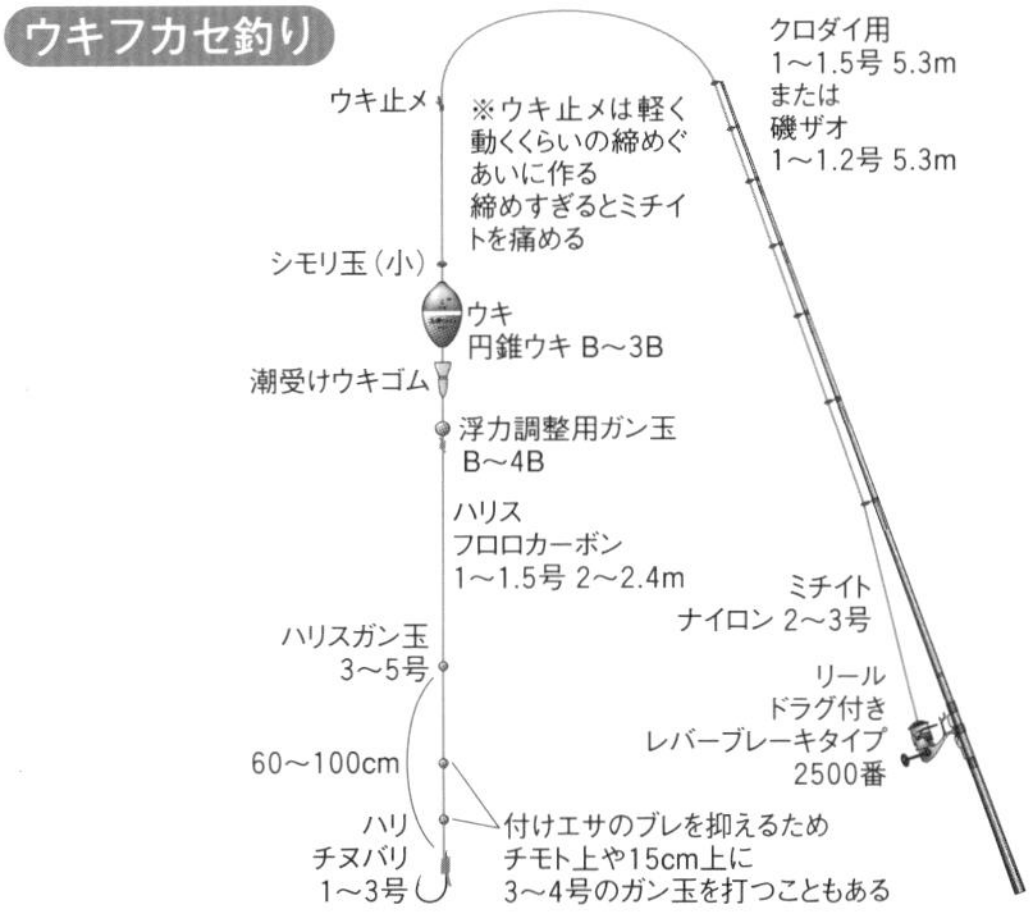

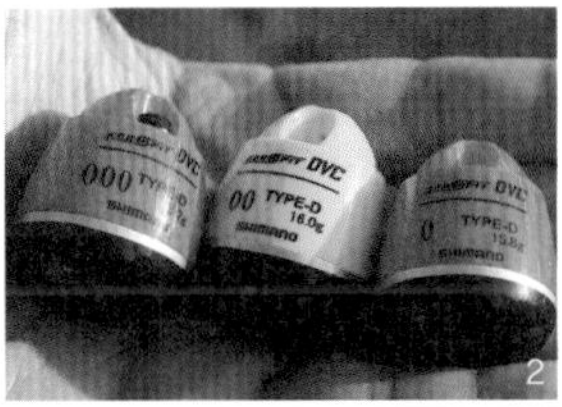

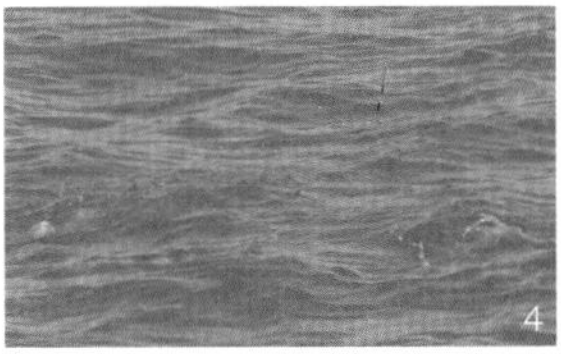

1 手軽な堤防の中でも足場のよいところで気軽に楽しめるので実はファミリーフィッシングにも最適。引きは強いのでよく曲がるチヌザオを使うとラインブレイクを防げる

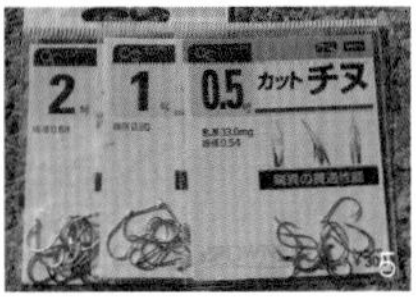

2 ウキはメジナ釣りと同じく円錐ウキが使える　3 付けエサを底付近に漂わせて潮に乗せて沖まで探る釣りのため、視認性のよい棒ウキのほうがクロダイには合っている　4 ヘラウキのように感度のよいトップを持つ棒ウキがスパッと消し込まれる瞬間は興奮する　5 ハリはチヌバリの1〜2号の出番が多い　6 メジナ釣りの場合のウキ下はサオを1本で始めて反応を見て微調整をしたが、クロダイ釣りの場合はハリにゴム管オモリを刺し、ウキが沈まなくなる深さにウキ下を調整して、しっかり海底付近をねらっていく

オススメの釣り方は?

クロダイの釣り方はいろいろあるが、大きく分けると寄せエサを使う釣りと使わない釣り。寄せエサを使わない釣りは落とし込み釣り、投げ釣りがあり、寄せエサを使う釣りはウキフカセ釣り、カゴ釣り、ダンゴ釣りがある。いずれもクロダイの習性に合っている釣り方だが、ここではウキフカセ釣りを解説しよう。

オススメのタックルは?

ウキフカセのタックルはほとんどメジナ釣りのものと同じでよく、どちらかといえばクロダイのほうがより繊細だ。メジナは磯ザオ1・5号が標準になるのに対してクロダイは1〜1・2号が標準になる。長さは5・3mが標準。また、やや先調子のグレザオ（メジナ用磯ザオ）に比べて胴から曲がりやすいチヌザオ(クロダイ用磯ザオ)を使うと細イトでも切られにくく魚も暴れにくい。

ミチイトはナイロン2〜3号が標準。ハリスはフロロカーボン1・5号。ハリはチヌバリ1〜4号を準備する。寄せエサはメ

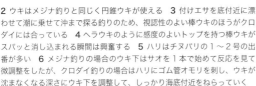

堤防からのターゲットとして今も昔も釣り人の憧れ的存在のクロダイ。精悍な面構えは野武士と表現される

寄せエサはメジナ釣り同様、オキアミ3kgブロックを解凍して砕き、こうしたクロダイ用の配合エサを入れてまとめる

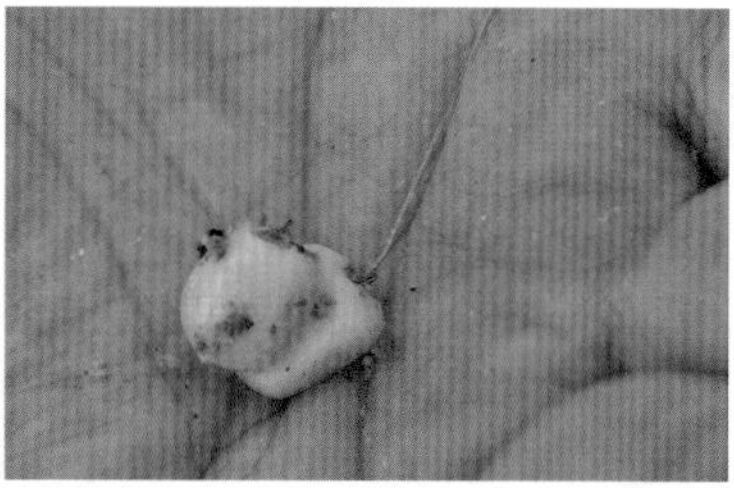

クロダイねらいではボラやフグや小アジなどのエサ取りが付き物。付けエサを残すためにコーンや練りエサなどの付けエサも多用する

ジナと同様にオキアミ３kg、クロダイ用集魚剤１袋でＯＫ。付けエサはオキアミのほか練りエサやエサ取りに強いコーンも用意できれば出番があるだろう。

　ウキはメジナと同様に円錐ウキでもいいが、足場が低い釣り場で沖まで流すのであれば棒ウキのほうが断然見やすい。棒ウキが消し込む瞬間は見た目にも興奮する。

こうすれば釣れる！

　港内などで海底が砂地の場所でクロダイをねらう場合はきちんと水深を測ってから釣りを開始する。まずはハリにゴム管オモリを刺し、ウキが沈まなくなる深さにウキ下を調整することで、しっかり海底付近をねらっていく。ここが大胆に浮くメジナ釣りと大きく違うところだ。

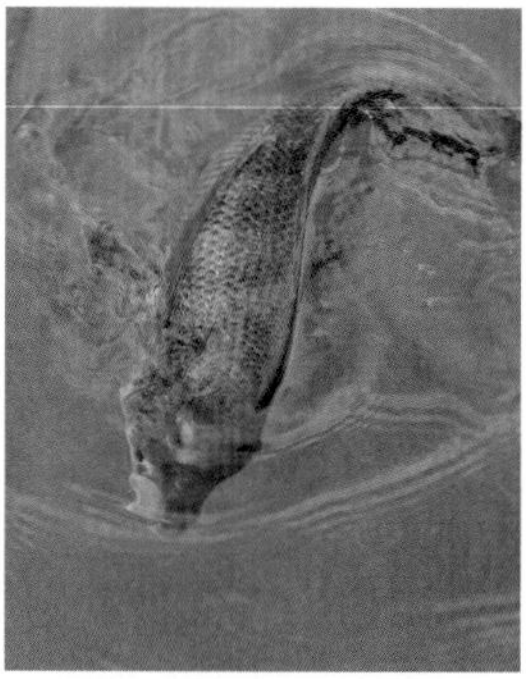

底を這うように突進を繰り返したクロダイもついに観念して海面に浮上した。空気を吸わせてから玉網に導こう

おすすめ キャンプ飯

季節の野菜と海鮮の融合

大葉ドレッシングのクロダイ刺し身サラダ

爽やかな大葉の香りとフレンチドレッシングの酸味が淡泊な白身を引き立ててくれる。

①

②

③
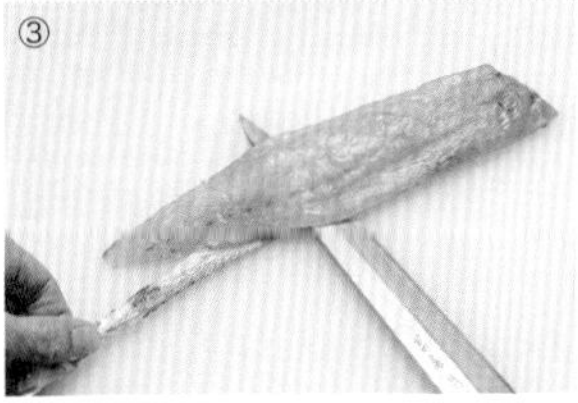

④
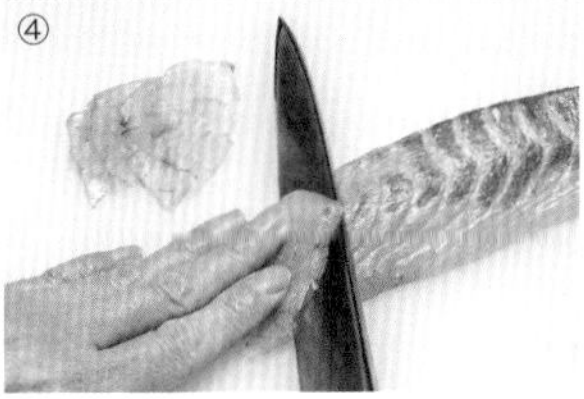

材料

クロダイ（旬は12～2月）、ミニトマト、グリーンアスパラガス、そばやかいわれ大根などの新芽、大葉ドレッシング（大葉の千切り5～7枚、市販フレンチドレッシング50～60cc、しょう油・ゴマ油各小さじ1、塩こしょう適宜）

作り方

①クロダイは基本の3枚おろしにさばく
②背身と腹身に切り分けつつ、接合部に並ぶ血合骨を薄くそぎ落とす
③皮を引くと刺し身用の節になる
④節身は薄めのそぎ切りに切り分け、下ゆでしたアスパラガスやミニトマト、そばの新芽など野菜類と形よく盛り込み、食べる直前に大葉ドレッシングを回しかける

クロダイが釣れる堤防は外海に面したところばかりではない。河川の下流域のちょっとした堤防や導流堤、漁港のスロープなどにクロダイが群れていることが多く、特に10～11月は捕食場になっている。

寄せエサと付けエサを同調させることが大事なのはメジナ釣りと同じである。わりと重要なのは、それまでエサ取りばかりだったのに、突如、エサが残ってくるようになったタイミング。これはクロダイが回遊してきたことでエサ取りが逃げた証拠ともいわれる。実際、このタイミングでウキがスパッと消し込んで大型クロダイがヒットするケースは少なくない。

外海に面した磯などに比べると、クロダイ釣り場になる堤防の多くは潮が沖に払い出すのではなく横に流れることが多く変化も少ない。そのため寄せエサはあまり分散せずに撒き、寄せエサと同じ場所に仕掛けを投入し、その流れていく先で仕掛けを同調させる。もしくは重めの配合エサを用いて底1点に集中して撒き、潮が左に流れているなら寄せエサの投入点の右側で仕掛けを馴染ませてもOK。

上バリにイワシ、小サバ、下バリに小アジという大賑わい。これがサビキ釣りの楽しさだ

アジ・イワシ

堤防サビキ釣りはファミリーフィッシングの王道！

1 サビキ釣りの大本命はマアジ。サビキなら15cm前後が釣れることが多い　2 これまたサビキ釣りではおなじみのカタクチイワシ。泳がせ釣りのエサとしても実績が高い　3 夏場は特に氷を多く持参したい。水汲みバケツの中に海水氷を作って魚を入れると飲み物が生臭くならない　4 大型漁港などのほかこうした釣り公園施設の多くもサビキ釣り場

アジ・イワシってどんな魚？

分布や特徴は？

堤防からのサビキ釣りでねらうアジといえばマアジのことである。稜鱗（ゼイゴ）が大きく側線全体にわたって発達し、小離ビレはない（逆の特徴であればアオアジ）。体高が低く背部が黒っぽい沖合回遊群の「クロアジ型」と、体高が高く黄色味の強い瀬付き型の「キアジ型」が知られ、後者は釣り人の間で金アジとも呼ばれ美味で知られる。日本全国の沿岸部に生息する。

アジ同様、堤防からアミコマセを撒いているとマイワシ、ウルメイワシ、カタクチイワシなどが釣れることも多い。

大きさは？

マアジは1歳で18cm、2歳で25cm、3歳で29cm、4歳で33cmに成長し、特大クラスになると50cmを超すものもいるが、堤防からは30cmを超せば大型と言っていい。サビキ釣りの場合は20cm未満の1歳魚がメインターゲットになる。

マイワシは1歳で成熟し、寿命は8歳前後。ウルメイワシは1歳で24cm、2歳で24cmになる。カタクチイワシは1歳で12cmほどになり成熟し、寿命は2年。

釣期はいつ？

マアジは堤防からサビキで釣れ盛るのは7～8月の真夏が最盛期ながら4～12月まで長く釣れる。

マイワシはほぼ周年、ウルメイワシはおもに3～11月、カタクチイワシは5～11月に沿岸部を群れで回遊。こうしたイワシの群れは青ものやシーバス、ヒラメ、イカなど多彩なフィッシュイーターを引き連れてくる場合が多い。

どこで釣れるの？

サビキ釣りがしやすいのは、足もとから水深のある垂直護岸。基本的にアジもイワシも回遊魚のため沖合の外海から入ってきやすい地形の湾内の港内がよい。

東京湾内の各地にある釣り公園の護岸や桟橋はいずれもサビキ釣り場であり、毎日の釣果がHPでアップされているので参考にするといい。デイキャンプ場が隣接している公園などもある。初めてのエリアであれば最寄りの釣具店でご当地でよく釣れているサビキ仕掛けやエサを購入しよう。

アジ・イワシを釣ってみよう

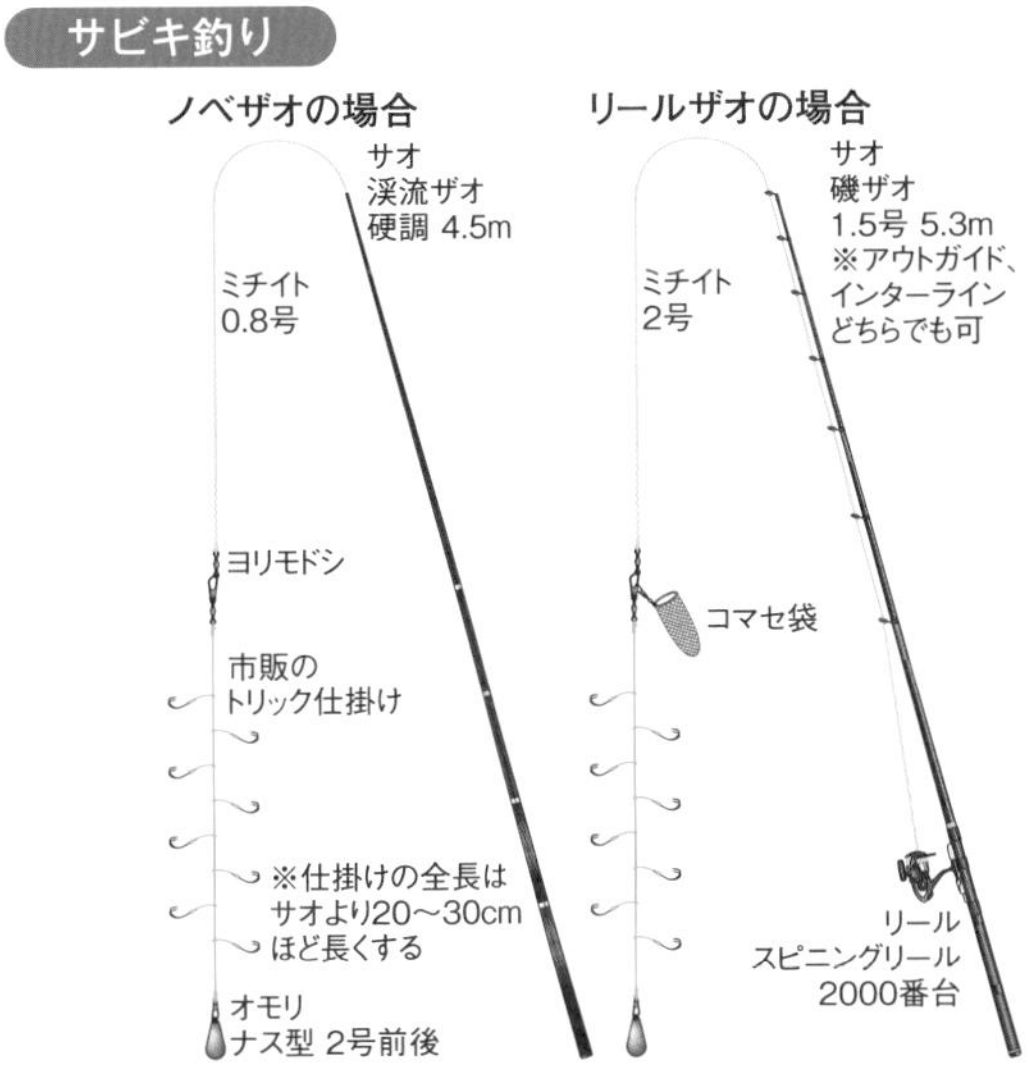

1 磯ザオ、万能ザオ、ルアーザオ、そしてノベザオでも楽しめる　**2** サビキは市販の完成仕掛けを使う。スキン、魚皮、トリックの３種類があれば万全　**3** アミエサを詰めるコマセカゴやコマセ袋もお忘れなく　**4** キャンプがてらの半日釣りなら小さいブロックが１つあれば充分　**5** 最近は解凍する必要がない厚手の袋に入ったアミコマセも発売されている。手を汚しにくく、嫌な匂いも抑えてあり、集魚効果も高い

オススメの釣り方は？

小アジやイワシをたくさん釣るならサビキ釣りが一番手軽で楽しい。群れが回ってくると鈴なりに釣れるので釣り初心者のお子さんや女性も興奮するはず。

オススメのタックルは？

リールを使った釣りが一般的で、仕掛けが長いので磯ザオがあると万全だが、ライトパワーのルアーロッド、万能ザオなども使える。また、投げる釣りではないので４・５ｍほどの渓流ザオなどリールを使わないノベザオでもＯＫ。

ミチイトは使うリールに巻いてあるイトをそのまま使えばよく、ＰＥでもナイロンでも構わない。市販のサビキ仕掛けは現場近くの釣具店で、サビキは魚皮がいいのかスキンがいいのか、あるいは空バリにアミをセットするトリックサビキがいいのか聞いてから購入すると外れがない。あとは２号前後のオモリ、コマセ袋、寄せエサ用のアミを用意する。

1 表層付近で小サバが連発するようならオモリを重くして一気に底まで仕掛けを沈めてみるとアジが食ってくる可能性がある
2 トリック仕掛け専用のアミコマセ容器を使えば、このようにして瞬時に空バリにアミを装着できる
3 釣りを楽しんだあとは必ずバケツに汲んだ海水で寄せエサなどを洗い流していくのがマナー

こうすれば釣れる!

港内の足場のよい場所を釣り座にしたら、椅子または椅子代わりのクーラーボックスを用意すると疲れにくい。夏場が中心になるため熱中症予防に帽子は必ず着用するほか、釣った魚を保管するため、クーラーボックスにはあらかじめたっぷりの氷を用意する。

寄せエサはアミ。冷凍ブロックで購入し、自然解凍しておくか袋のまま海水に浸けて解凍したら、まとまりをよくする集魚剤と混ぜ合わせる。仕掛けを投入するたびに寄せエサをコマセ袋に詰めるので、レンゲなどがあると便利。また最近では、厚手のビニールに入った手を汚さない匂いもフルーティーな市販のアミエサも販売されている。

サビキ釣りでねらえる魚種はそれぞれ遊泳層が違う。イワシの仲間と小サバは表層近くを泳ぎ回り、アジはその下の宙層から底付近にいることが多い。

地元の釣り人たちが大勢陣取っている場所はアジが釣れる好ポイントの可能性が高いので、ひと声掛けて仲間入りさせてもらおう。魚影が見えなくても5~10分釣っているうちに、集魚効果で群れが回ってくることが多い。

コマセ袋は仕掛け上部のヨリモドシなどにセットすればよいが、オモリ付近の仕掛け下部にセットする方法もある。ねらいを定めたタナ(層)の下まで仕掛けを沈めたら、30~50㎝刻みで仕掛けの長さを目安に振り上げ、寄せエサの煙幕を作る。魚たちは寄せエサの煙幕に群がってくるので、今度はゆっくりと仕掛けを下げ、寄せエサの煙幕の中に擬餌バリを同化させた途端、アタリが出ることも多い。

魚はいるのにサビキ仕掛けではハリ掛かりさせづらいと感じたら、魚皮もスキンもない空バリのトリック仕掛けに交換するのも一手。

専用容器に入れたアミエサの中に仕掛けを通すことで瞬時にエサ付けが完了する。同じように足もとを探ると今度はアタリが増える可能性がある。やはり本物のエサのほうが食う可能性は高いからだ。

群れが突然消えたら大型魚が近づいているのかも?

おすすめ キャンプ飯

新鮮な身ほど叩くと旨い

小アジのなめろう

ねっとりとした舌ざわりと適度な塩気が最高の酒の肴になる。これを焼けばサンガ焼きだ。

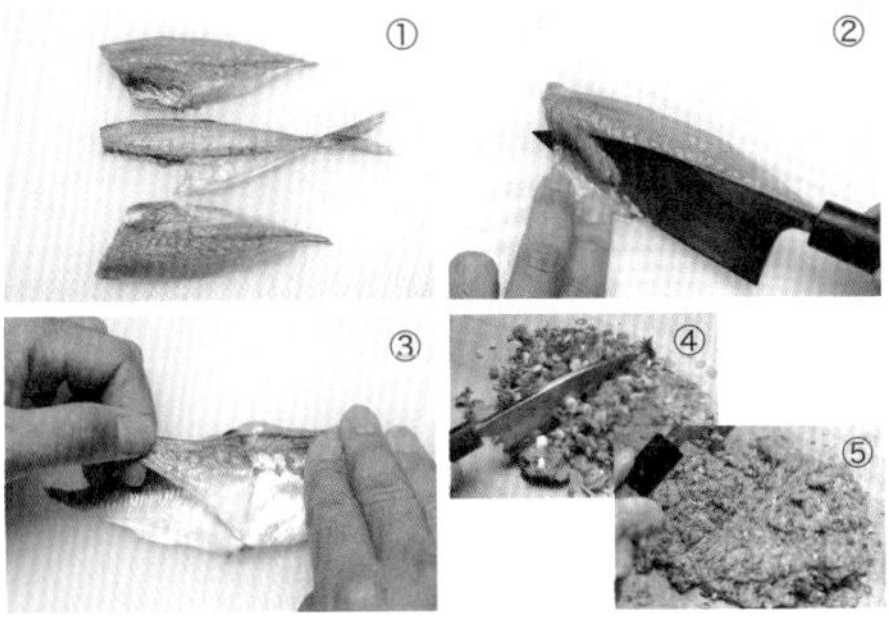

材料

アジ、ショウガ、大葉、万能ネギ、味噌、しょう油、練りワサビ、白ゴマ

作り方

①３枚におろす
②腹骨を薄くそぎ取る。良型アジなら血合骨も抜いておく
③頭の切り口の端で皮をめくってつまみ、尾の付け根に向かって皮を引く。この際、身が薄い腹身はちぎれやすいので、軽く押さえてやるとよい
④ 15cm 前後の小アジ３尾にに対し、味噌大さじ 1、しょう油小サジ 0.5、隠し味の練りワサビ少々が目安。これに細かく刻んだショウガ、大葉、万能ネギを合わせ、出刃包丁でトントンと叩く
⑤叩き続けているうちに身に粘りが出てきたらでき上がり。身の細かさ加減はお好みで

おすすめ キャンプ飯

包丁いらずで本格揚げ物

カタクチイワシの手開きフライ

癖はないが旨味はしっかりあるのでいくらでも箸が進む。マイワシ、ウルメイワシも同様のレシピで OK。

材料

カタクチイワシ、揚げ衣（小麦粉、溶き卵、パン粉）、刻みキャベツなど添え野菜、和ガラシ、揚げ油

作り方

①内臓を取り出すのに便利なのがこの PP バンドとも呼ばれる梱包バンド。長さ 10㎝程度に折って、端をホチキスで止めて作る
②ウロコを指先でなでてこすり落としたら、頭を切り落とす
③梱包バンドの折り返しを切り口に当てて肛門までこそげ落とすと内臓がきれいに取れる。血合いなどの汚れを洗い流して水気をふき取る
④両手でイワシを支え、親指の爪先端を中骨の上に滑らすように左右に動かすと身が簡単に開く。尾の付け根で中骨を折ってつまんだら、身を手で押さえながら頭に向かって中骨を外す
⑤手開きにしたイワシに薄く塩こしょうを振り、小麦粉→溶き卵→パン粉の順に揚げ衣を付け、170 ～ 175℃に熱した油で揚げる。身が薄いので揚げ時間はごく短く、表面に浮かび上がって淡いキツネ色に変わったら OK

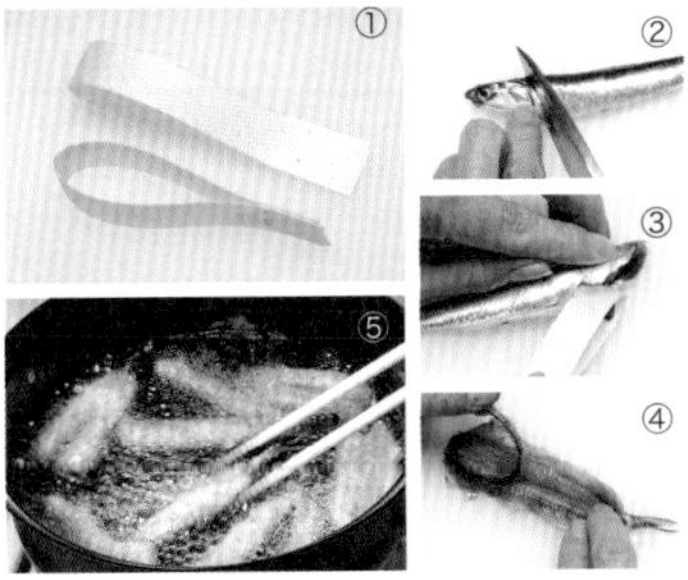

高級魚のヒラメが堤防から連発することも！

泳がせ釣り

これぞわらしべ長者の釣り

1 サビキ釣り場の多くはヒラメやマゴチや青ものなどの回遊がよくある　2 泳がせ釣りマニアはサビキで釣った小アジや小サバをすぐに海水循環式の水槽で活かしておく　3 こんな大きな青ものが堤防から釣れる可能性があるからタックルは万全を期したい　4 車横付けの堤防でも楽しめるのがサビキ釣り＆泳がせ釣りのよいところ。船用のサオ掛けをセットするベテランも多い

泳がせ釣りってどんな釣り？

特徴は？

文字どおり生きた小魚をエサに泳がせて、大型魚やイカなどに食わせる釣り方。日本中どこでも楽しめるが、特にサビキ釣りが盛んな釣り場にはたくさん集まった小魚を食べに多くのフィッシュイーターが集まる。

その代表格がヒラメやマゴチだが、それ以外にもイナダやカンパチなどの青もの、カサゴやハタなどの根魚、ベイエリアではシーバスやタチウオ、専用の仕掛けを使えばアオリイカやヤリイカも釣れる。

ご当地それぞれの生態系があり、生態系の底辺を支えるカタクチイワシのような小魚をサビキ仕掛けで釣って、それをエサにヒラメやハタなどの大型の高級魚をねらうことから、わらしべ長者的な楽しさが味わえる。

大きさは？

マゴチなら30～50㎝、特大でも60㎝までだが、ヒラメになるとまれに80㎝や90㎝を超す特大が岸から釣れる。そのほかイナダをねらっていてブリクラスがヒットしたりと、とかく想定外の大魚が釣れてしまうこともある釣りなので、ロッドを持っていかれないように尻手ロープやロッドホルダーで固定しておくほか、ハリスやハリの強度も充分に余裕があるものにしておき、玉網やギャフなど寄せた獲物を取り込むためのツールも準備しておくこと。

釣期はいつ？

青ものであれば高水温期など回遊しやすい時期があるが、基本的にサビキで小魚が釣れるような状況であれば、その大量の小魚を追って大型魚が近くに回遊している可能性は非常に高いと思ってよい。

したがってシーズンうんぬんも大事だが、それよりも大事なのはベイトフィッシュ＝小魚の寄り付きであり、それを最も簡単に知る方法がサビキ釣りである。

どこで釣れるの？

サビキ釣りのできる漁港や防波堤。ただし、ターゲットによって足もと付近を探ったほうがいいのか、沖に遠投したり流したほうがいいのか、ウキが必要か不要かなど違ってくる。

ヒラメ・マゴチを釣ってみよう

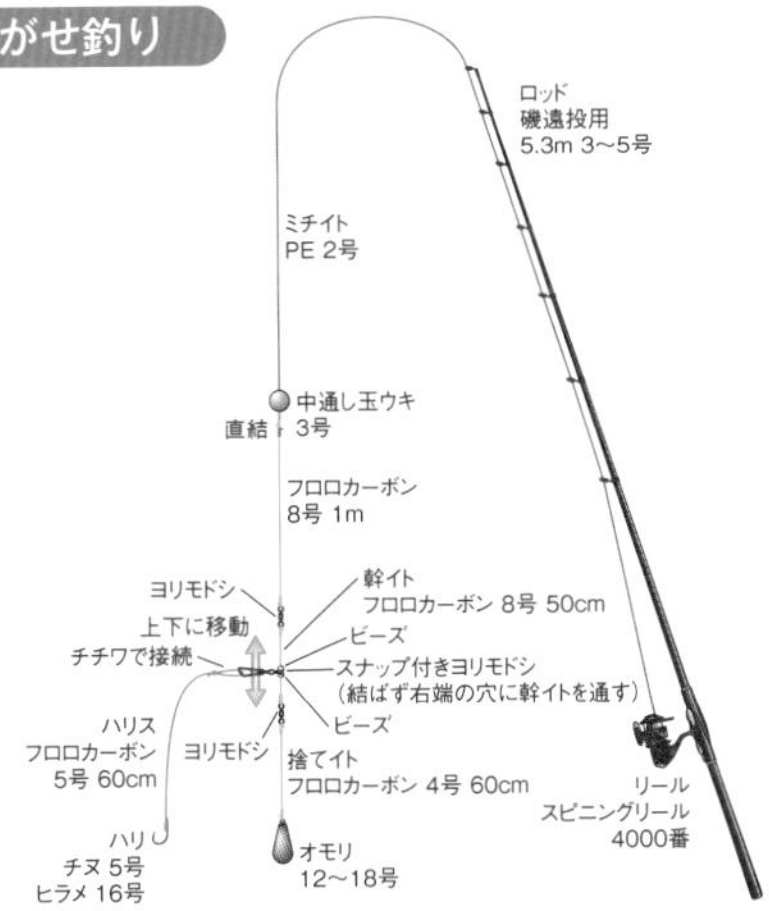

1 サビキでよく釣れている魚が最上のエサになる。このときの東伊豆ではカマスが特効エサになった
2 多彩なタックルが使えるが最も合うのはカゴ釣りなどに使う遠投用磯ザオの3～5号

オススメの釣り方は?

もちろん泳がせ釣り。サビキでアジやイワシや小サバ、あるいはカマスなどが釣れているときがチャンス。エサの用意がなくいきなり本命をねらいたい場合はやはりルアー釣りがおすすめだ。

オススメのタックルは?

ヒラメやマゴチの船用タックルを流用してもかまわないが、堤防からの泳がせ釣りなら磯ザオを使ったスピニングタックルのほうが一般的。強めの3号以上が理想だが、なければ2号以下やシーバスタックルなどでもかまわない。

沖に走った際に仕掛けの方向が分かりやすく、コリモドシの巻き込み防止にもなるので中通し玉ウキを使う人が多い。

ハリの大きさはエサにする小魚の大きさに合わせるが、チヌバリ5号前後があれば対応可能で強度もある。

こうすれば釣れる!

サビキ仕掛けと同様、遠投はせずにサオ下をねらうのが一般的。外敵が近づくとエ

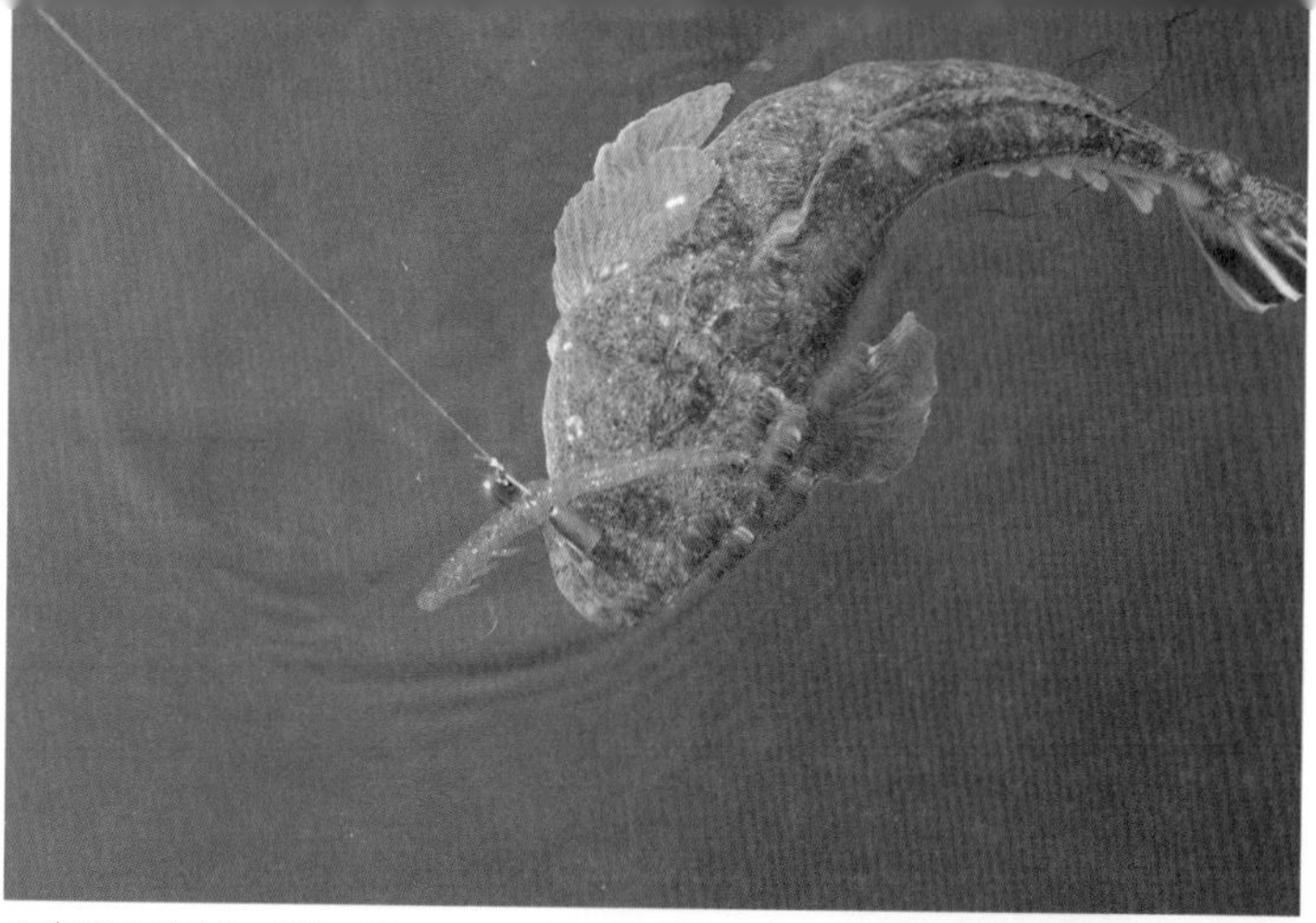

メゴチやハゼが多い内湾ではヒラメよりもマゴチが多い。サビキで小魚を入手できないときなどはルアーを使うと手っ取り早い

このサイズになると抜き上げはできないので必ず大きめの玉網を用意していく

よく使われるエサはカタクチイワシやマイワシだが、小サバがいいときもあればカマスやハゼがいいときもある。種類が多くて迷うが、サビキで釣れ盛る小魚ならたいてい問題なしだ

サの小魚が怯えてサオ先が激しく震えるなどの前兆があることも多いが、いきなりひったくるアタリも多いため、リールのドラグはきつく締めておくとラインが切れたりロッドが破損してしまうので注意。

シーバスや青ものやイカなど多彩なターゲットがねらえるが、ここでは代表的な泳がせ釣りターゲットであるヒラメとマゴチを想定して話を進める。ともに港内に寄ってきやすいが、どちらかといえば内湾に多く、どちらかといえば夏によく釣れるのがマゴチだ。しかし、外海で真冬に釣れることもある。

同じように、どちらかといえば外海に面した釣り場に多く、沖釣りでは冬のイメージながら実は浅場では高水温期に釣れることが多いのがヒラメで、やはり小魚を追っているからだろう。

おすすめ
キャンプ飯

お刺身で野菜を包む逆発想のピリ辛手巻き

ヒラメの野菜ロール巻き

生春巻き感覚でライトにいただけるのでお酒のつまみにも最高

材料

ヒラメ、かいわれ大根など新芽、ニンジン、ミョウガ、万能ネギの野菜類、中華風辛味だれ（オイスターソース・紹興酒・ゴマ油・酢各大さじ1、豆板醤・しょう油各小さじ2分の1、砂糖小さじ1）、松の実・クルミなどナッツ類

作り方

①ヒラメは5枚おろしにさばき、皮を引いて刺し身用に作る。野菜が巻きやすいように大きく、3～4㎜厚のそぎ切りに切り分ける

②ニンジンは細切りにし、その他の野菜とともに長さ6～7㎝に切りそろえる

③中華風辛味だれは全部の調味料を混ぜ合わせ、食べる時に垂らす

④切り身に適量の野菜を乗せ、体裁よくくるりと巻き込んで器に盛り付け、刻んだナッツを散らす

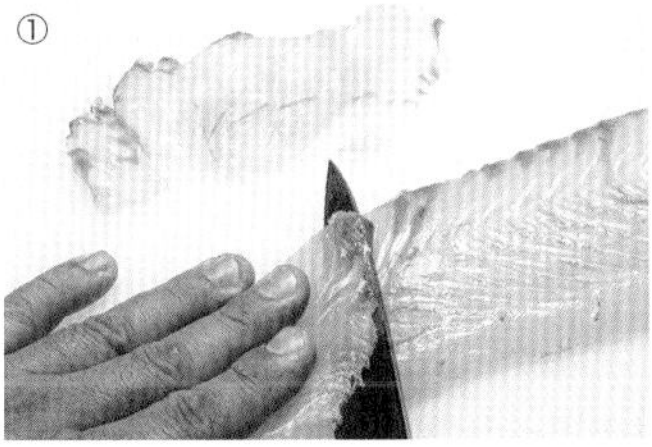

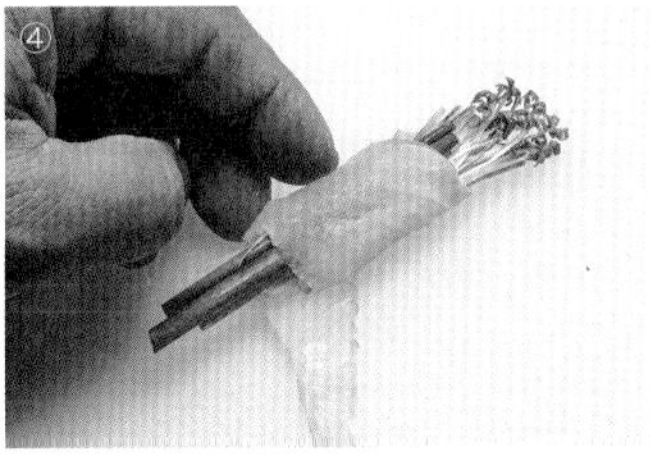

本格的なサーフキャスティングも爽快かつ奥が深い釣りだが、ルアーロッドなどでライト感覚で楽しめるチョイ投げも最高に楽しい

シロギス

パールピンクに輝く渚の女王

シロギスってどんな魚？

分布や特徴は？

投げ釣りの断トツ一番人気ターゲットであるシロギスは北海道積丹半島から九州南岸まで、ほぼ日本中の内湾や沿岸部の砂底に生息している。

大きさは？

釣りの対象になるのは20㎝前後のものが多く、秋口には浅場で10㎝ほどのピンギスとも呼ばれる小型がよく釣れる。20㎝台後半の大型はヒジタタキと呼ばれ、30㎝を超す尺ギスは投げ釣りをする人が目標や憧れにしている。

釣期はいつ？

3～12月といわれるが、冬は深場に落ちているため本格的に釣れだすのは4月以降。5～6月は最盛期で、大型に育った成熟したシロギスが産卵で浅場に集まるため型も数も期待できる。産卵中もしくは産卵直後の7～8月は型も数も下火になり、9月以降は小型の数釣りができるが、ポイントはかなり遠い沖合になる。10月以降はサイズがよくなっていくが春から夏に比べるとポイントが遠い。

どこで釣れるの？

きれいな水を好む傾向にあるため水の動きの少ないエリアよりは透明度の高い砂浜の沖合などに多い。基本的に砂底を好むが、周囲に岩礁やカケアガリなどの変化のあるところを好む性質もあるので、海底に変化があるところは有望。

秋以降は本格的な投げ釣りタックルを用いれば砂浜から遠投しても釣れるが、チョイ投げでも釣れる春から夏が良型に出会いやすい。また、水深のある深場に突き出している堤防からなら、チョイ投げでも沖合のシロギスがねらえる。

波静かなサーフの中でも透明度の高いきれいな水の砂地にシロギスは多い

投げ釣り専用ロッドと専用リールの組み合わせ。クーラーボックスも機能的な専用のものがある

シロギスを釣ってみよう

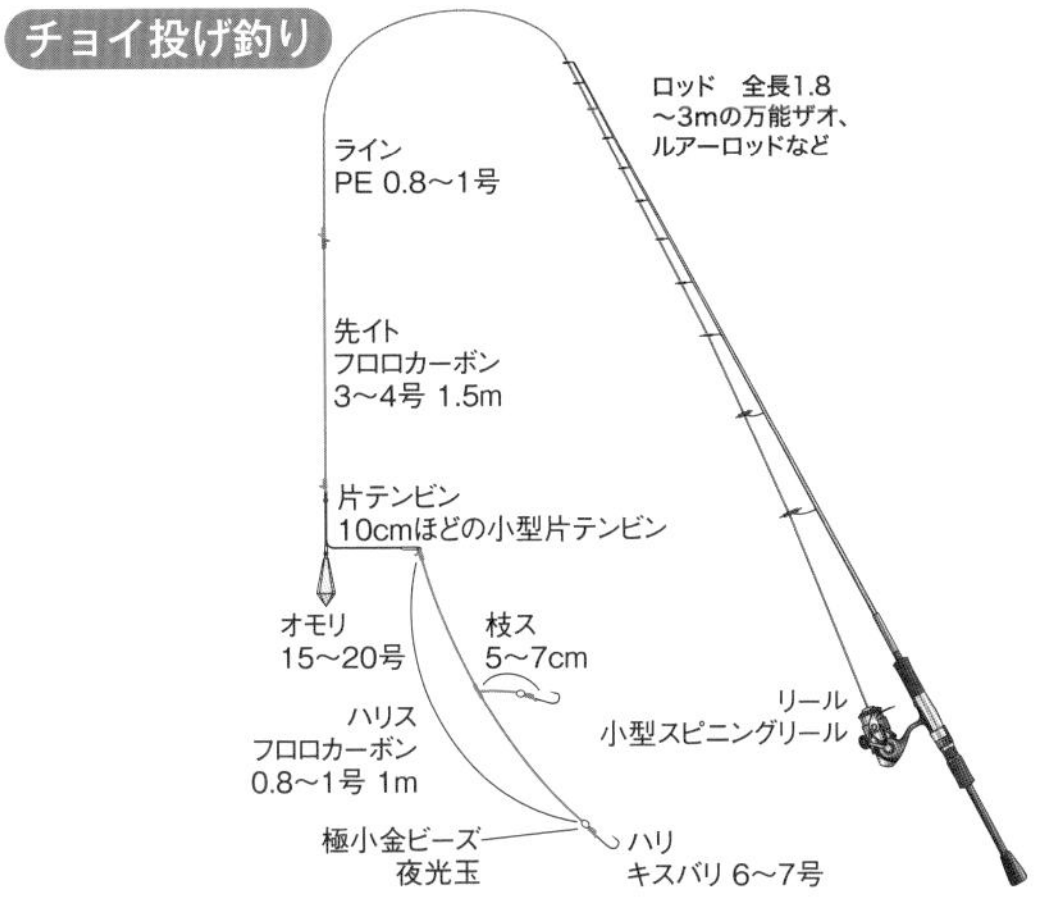

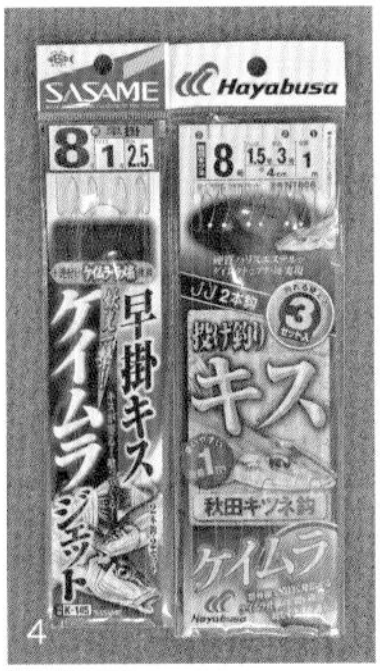

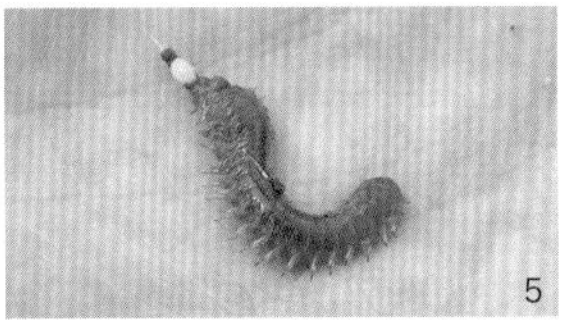

1 上は20cm近い盛期のアベレージサイズ。下はピンギスと呼ばれる1～2歳魚　**2** チョイ投げ釣りに向いているのはシロギスの釣れるサーフに隣接するこのような堤防。沖に突き出しているのでチョイ投げでもサーフからの遠投と変わらない水深を探ることができる　**3** 堤防によっては手すりもあり、安全かつサオも掛けられるため便利。ショートロッドに軽いオモリを組み合わせる　**4** 完成仕掛けをテンビンに直接スナップで接続するだけ。全長1mほどのショートな仕掛けが扱いやすい。チョイ投げ用または船用も使える　**5** シロギスの口は小さいのでエサはこんな感じにセットする。アオイソメなら写真のように小さくカット、ジャリメなら頭部にチョン掛けでいい

オススメの釣り方は？

投げ釣りも専用のサオとリールを用意するとなると、価格的にも装備的にもお手軽とはいえない。キャンプの合間に楽しむならチョイ投げがおすすめだ。

基本的な装備はそのままに、すべてにおいてダウンサイジングして、大遠投ではなくチョイ遠投で楽しむ釣りだ。むしろタックルがライトな分、シロギスの引きは充分に楽しめる。ちなみにシロギスはその見た目とは裏腹に引きはかなり強いので、良型がヒットすると誰でも興奮するだろう。

オススメのタックルは？

本来は投げザオに投げ専用リールを組み合わせる釣りだが、チョイ投げを楽しむならロッドは1・8～3mの万能ロッドやそれに準じたルアーロッドと小型スピニングリールの組み合わせでOK。ポイントが近ければ船用のシロギスザオを使うのもありだ。仕掛けはチョイ投げ用または船釣り用の全長の短い2本バリ仕掛けを使うといい。

仕掛け絡みを防止するテンビンは必需品。チョイ投げの場合は腕長が15～20cm程

チャリコと呼ばれるマダイの幼魚はチョイ投げの定番ゲスト

東京湾に多い海釣り公園もチョイ投げが楽しめる

桟橋の足もとに落として釣れた良型

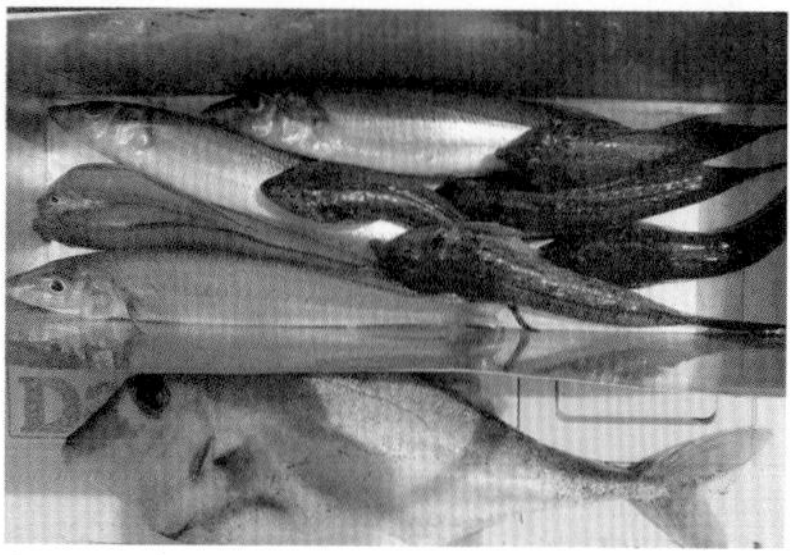

良型シロギスのほかメゴチやハゼ、ギマなど五目釣りになることが多く、これもチョイ投げの楽しさ

度の小型テンビンを用い、5~10号のナス型や小田原型オモリをセットする。

シロギスの口は小さいため、エサはジャリメがおすすめで遠投しても切れにくい。ジャリメが売っていなければアオイソメを小さく付けてもよい。イソメは熱に弱い生き物なのでエサ箱に小分けにし、残りはクーラーボックスで保管する。

こうすれば釣れる!

投げ釣り=サーフという図式を思い浮かべやすいが、ある程度の水深があるところに造られている堤防からのチョイ投げのほうが魚との距離は近いことが多い。荷物も置きやすく水を汲んだり置きザオにするにも便利だ。

いずれにしてもチョイ投げが成立するのは砂底である。海が澄んでいれば海底のようすが判断でき、青白く見える場所が砂地なのでまずはその辺りを探る。仕掛けが着底したらオモリが浮かないスピードでサオをさびいて底をズル引きする。1回のストローク分のイトフケを巻いたら、またイトを張ってサオでゆっく

おすすめ キャンプ飯

干からびた開きとの違いは歴然！

シロギスの開き干し

さっと釣って、さっと捌いて、テントサイトで３時間も干せば、しっとり感の残る最高の開きが完成する。軽く炙ればしみじみ旨い肴になる

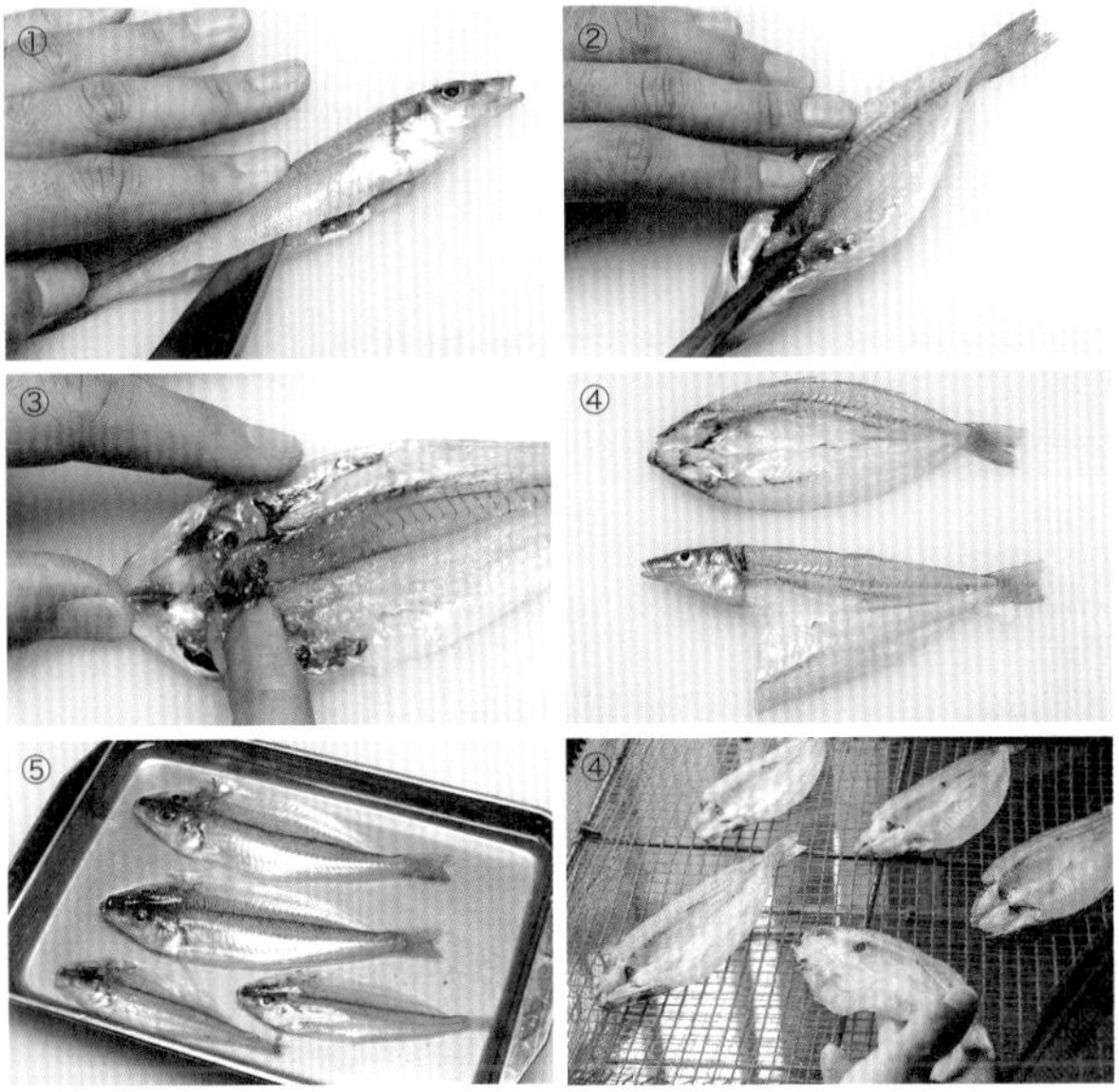

材料

シロギス、約８%の塩水（水 0.5ℓ に対し海塩 40 g、日本酒 25cc）

作り方

①シロギスはウロコを引き、腹を割って内臓と血ワタを掃除して水洗い。腹開きは腹身から背身を切り開く

②続いて中骨に沿って頭を割る

③頭の両側にあるエラを外し、血ワタや黒っぽい腹膜を掃除して水洗いをすると下処理は終了

④腹開きのほか背開き（上）、細長い魚によく使われる片袖開き（下）でもよい

⑤淡泊な白身魚のため、約８%の塩水に浸す時間は 15 〜 20 分と短めでよい

⑥水気を軽く拭き取って、風通しのよい場所で２〜４時間干す。干し上がりの目安は身の表面に少しウエット感が残るくらい

りさびく繰り返しだ。投入点を少しズラしながら扇状に広く探ると隈なくチェックできる。

アタリはココンッとかビンビンッと明確にサオ先に出る。アワセは軽くサオを立てる程度でよく、ゆっくりとリールを巻いて魚を取り込む。

アタリが少ない場合は青白く見える砂地の中でも茶色や緑色に見える根や岩のそばを通過させるとアタリが出ることもある。また、航路やカケアガリなど水深が深くなるところに溜まっている可能性もある。アタリがあれば同じようなところを重点的に探るとよい。

引きが強く食べても旨いことから人気も高い

関東でイシモチといえば大半の場合はシログチ。エラ上部に境界不明瞭な黒い班があり、背は白く、生きている間は七色の光沢がある。ニベにはエラ上部に黒班はなく背には側線に沿って黒い小点が規則正しく並び、全体に黒っぽい。顔つきもイシモチは丸みを帯び、ニベは尖るといった違いがある

砂浜などのほか沖釣りと変わらない水深に設置された海釣り公園などでもよく釣れている

イシモチ

明確なアタリに胸がときめく！

イシモチってどんな魚？

分布や特徴は？

イシモチという呼び名は釣り人の便宜上のもので、標準和名はシログチ。さらに近似種のグチ、コイチを含めてイシモチと総称しているケースが大半だが、水産上ではニベ（ホンニベ）とは区別されており、投げ釣りの人たちもイシモチ（シログチ）とニベ（ホンニベ）は明確に区別している。

一般的に魚類は平衡器官として体内（頭部）に耳石と呼ばれる炭酸カルシウムの塊を持つが、ニベの仲間はそれが特に発達して大きく、まるで石のように見えるので「イシモチ」と呼ばれる。また、釣りあげると浮き袋を共鳴させて「グーグー」と鳴くことから、関西圏では愚痴をこぼしているようなので「グチ」とも呼ばれる。シログチは北海道を除く日本の沿岸に生息。雌雄ともに２歳で成熟し、寿命は約 10 年。

大きさは？

シログチは最大 40㎝、ニベはもっと大きくなる。近似種のオオニベは 120㎝で 10㎏を超す特大になるものもいて、こちらはイシモチを捕食している。一般的に岸からチョイ投げでねらうイシモチは 20 ~ 30㎝のものがよく釣れる。

釣期はいつ？

春から初冬までの水温が高い時期が釣りのシーズンで、真冬は岸からはあまり釣れない。春は４月ごろから釣れ出すが、底潮が冷たいと泳層が変わることがある。最もよい季節は梅雨期と秋口の２回でいずれも数釣りが期待できる。気候がよい時期でキャンプシーズンとも重なる。

どこで釣れるの？

沿岸の砂泥底の海岸に群れを作って生息している。堤防はもちろん、砂浜や河川の河口部などにも多い。特に潮流の激しい遠浅の海岸は、波口の浅場や堤防の近くにも寄ってくる。シロギスが波の穏やかな潮の澄んだ日がねらいめなのに対して、イシモチはそれとは反対に、波の高い日やニゴリ潮、夜などを好む傾向がある。

真夏はよいシーズンだが、砂地の海底にいる魚ゆえ、日中は海水浴客に邪魔されることが多い。夏の夜の海水浴場はイシモチ釣り場の可能性がある。

イシモチを釣ってみよう

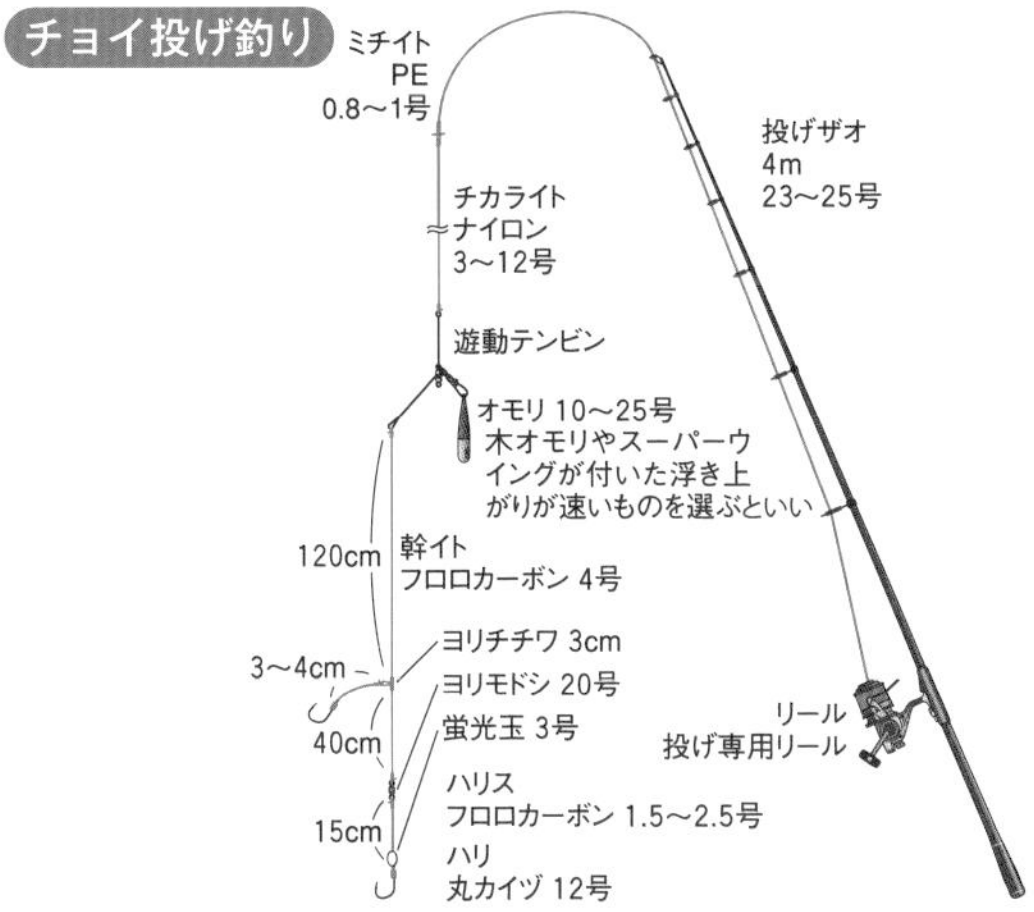

1 チョイ投げでは 20 ～ 30㎝が多いが、時には 40㎝前後の良型もヒットする。ちなみにホンニベは 60㎝、オオニベに至っては２m近くまで成長する　**2** タックルはシロギス用の投げ釣りタックルがそのまま使える。ポイントが近いようならもっとライトなタックルでも楽しめる　**3** もともと夜行性のため夜になると岸寄りの浅場に群れで集まることも多い　**4** エサはイソメ類全般が効く。写真はアオイソメの２匹掛け

オススメの釣り方は?

一般的な砂浜からねらう場合、シロギス釣り同様にヨブ（海底にできた砂のコブ）を中心にねらう。タックルも図が一般的なものだが、キャンプ場周辺で手軽に楽しむなら、チョイ投げが楽しい。

特に河口域やニゴリが入っている場所では波打ち際の先が好ポイントになる場合もあり、むしろチョイ投げタックルのほうがマッチする。また、昼間はキャンプ、タマヅメから釣りを楽しむ際にも夜行性のイシモチは浅場や岸寄りに集まっている可能性が高く、これまたチョイ投げでねらいやすくなる。

堤防からねらう場合は、潮通しのよい先端付近や船道がポイントにとなる。

オススメのタックルは?

サオやリールなどはシロギス釣りのタックルが流用できるほか、ポイントが近い場合はシーバスロッドやエギングロッド、さらに近い場合は船釣り用のシロギスザオなどで気軽に楽しむことも可能だ。

ミチイトはPEラインの0・8〜1号。

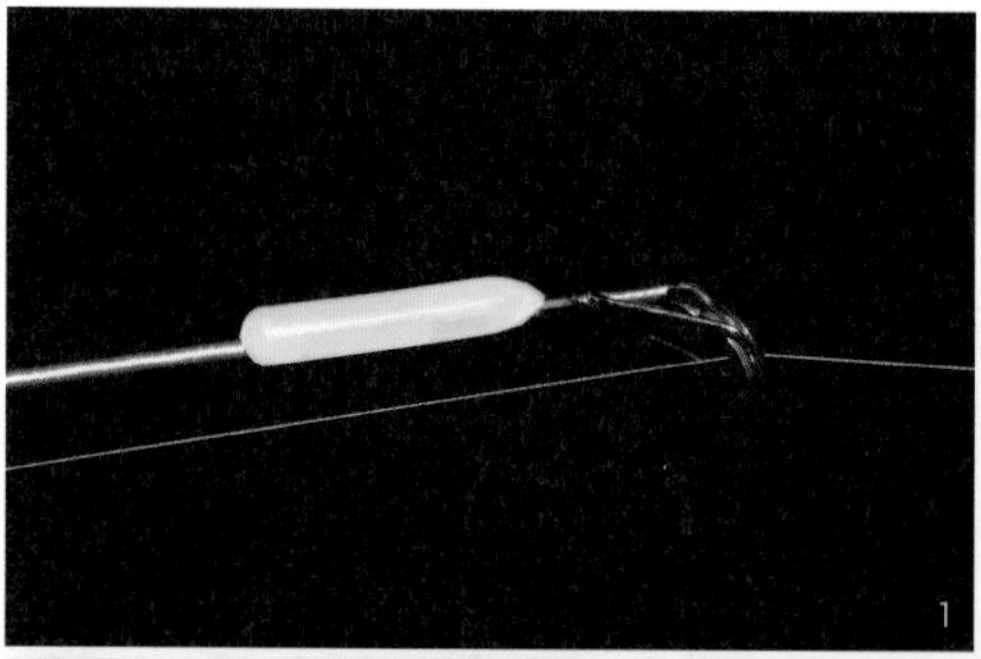

1 サオ先に化学発光体をセットすると置きザオにしてもアタリが視覚で分かりやすい
2 ユムシも特効エサとして知られる。こちらはうれしいゲストの良型アナゴ
3 タマヅメからの数時間を夕涼みがてらねらうのが楽しい釣りだ。関東周辺だと外房から常磐にかけて有望釣り場が多い。東京湾内や湘南にもポイントがある
4 濁っているときや曇天時などは日中でも近場でヒットする

投げ釣りなら力イトは必需品で、ＰＥあるいはナイロンのテーパーラインを結ぶ。チョイ投げなら力イトなしでもＯＫだ。

仕掛けは吹き流し式とドウヅキ式の２タイプあり、吹き流し式はテンビンオモリ、ドウヅキ式はナス型オモリを一番下に装着する。どちらでもイシモチの食いに遜色はないが、手持ちでダイレクトなアタリを楽しむならドウヅキ式が向いている。

ハリやハリスの号数は釣れるイシモチのサイズによって変える必要があるが、20～25㎝級を中心にねらうのであればハリス１～1・５号、投げ専用キスバリの８号が目安になる。投げ釣り用のイシモチ仕掛けが各種市販されているので、それを使うのも手だ。オモリの重さは25号を標準として、チョイ投げなら10～20号も用意したい。

エサは、イワイソメ、アオイソメ、アカイソメ、ジャリメなどのイソメ類が一般的だが、大型ねらいにはユムシも効果的。

こうすれば釣れる！

仕掛けを投げたらサオでさびいてヨブの凹凸のある部分で仕掛けを止めてアタリを

おすすめ キャンプ飯

癖のない白身が上品に香り立つ

イシモチのゴマ風味煮

釣魚としてはポピュラーながらあまりスーパーの鮮魚売り場などには流通しないため、釣り人ならではの味覚といえる。

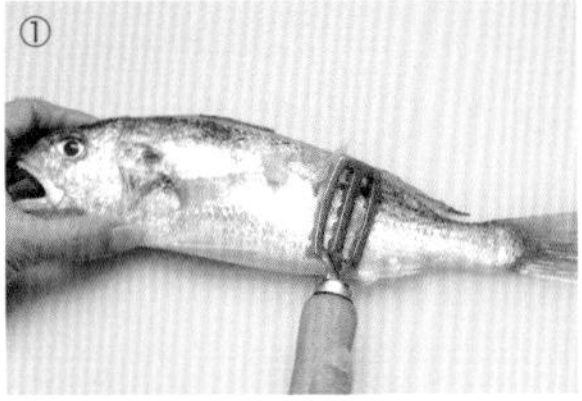

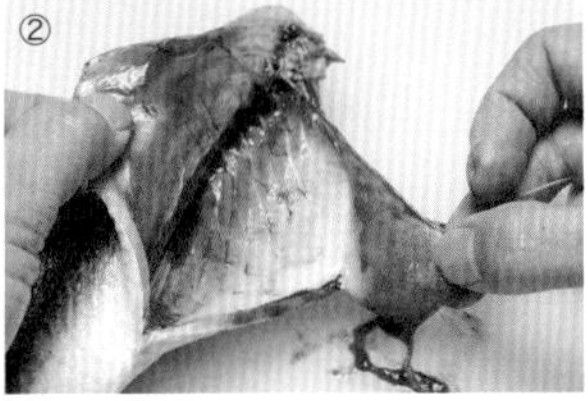

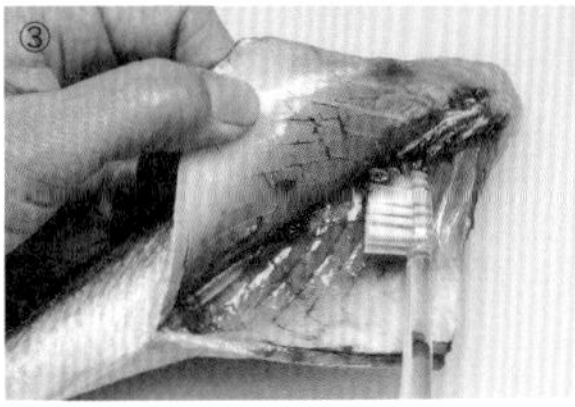

材料

イシモチ、レンコン、煮汁（しょう油大さじ2、砂糖大サジ1～1.5、日本酒大サジ2、水1カップ、ゴマ油大サジ1、ショウガの薄切り6～7枚）、白ゴマ

作り方

①ウロコを引き、頭を切り落として腹を割る
②厚い腹膜を取り除く
③中骨に付着している血ワタを歯ブラシなどでこすり落として水洗いし、2、3等分の筒切りにする
④鍋にゴマ油を入れ、ショウガを香りが立つまで炒めたら、イシモチと乱切りのレンコンを敷き詰めて煮汁の調味料を加え、落とし蓋をして煮含める。時々鍋を揺すりながら、煮汁が3分の1程度まで煮詰まったら完成。器に盛り付け、白ゴマを散らす

待つ。しばらく待ち、アタリがなければさらに手前に仕掛けを引き寄せ、次のヨブで待つ。こうして近くまで探ったら、また投げ直す。

　条件がよい（濁っていてエサの小魚などが近くにいるときなど）ときは、堤防の捨て石のすぐ先や砂浜の波打ち際のすぐ沖で食うことも珍しくないので、途中でやめずに近くまで必ず探りたい。

　アタリは、ほとんどの場合、はっきりとサオを通じてて明確に伝わる。だが、アワせる必要はない。向こうアワセでハリ掛かりするので、アタリを感じたらゆっくりリールを巻くだけでよい。

　よく釣れる時間帯は朝夕のマヅメ時と夜で、ニゴリがあると日中でも食いが立つ。夜釣りをする際もなるべく明るいうちに釣り場に入り、沈み根や海藻の位置など周囲の状況などをよく確かめておくこと。イシモチは群れで回遊するので、釣れ出すと一気に入れ食いになることもある。

投げ釣りのベテランでもマコガレイの良型を釣ればば笑顔が弾ける。それほど価値あるターゲットだ

マコガレイ

年々1尾の価値が高まっている投げ釣りの華

マコガレイってどんな魚？

分布や特徴は？

一般的にカレイといえばマコガレイ、マガレイ、イシガレイのカレイ御三家のうちのいずれかを差すことが大半。その中でも北海道南部から東シナ海まで日本国内に広く生息し、味もよいことから人気が高いのがマコガレイだ。

投げ釣りにおいてもシロギスと二分するほど人気が高く、1尾の価値が高いことから数ねらいよりも型ねらいが主流。

大きさは？

よく釣れるのは30㎝前後。40㎝以上で大型、50㎝前後は特大と呼べる。およそ5歳で約30㎝に育つ。最大は60㎝になるが滅多にお目にかかれない。そこまでのサイズではなくても簡単に釣れる魚ではなくなってしまった。だからこそ釣れたときの喜びは大きく、実際、同じサイズなら高級魚で知られるヒラメよりも断然高値が付く。そんな魚が都市部に近い港湾部の岸近くで釣れるところが面白い。

釣期はいつ？

釣期は10月から翌5月まででハイシーズンは「花見ガレイ」シーズンの3～4月。産卵は南に行くほど早く、中間の東京湾では12～1月がピーク。その前に浅場で荒食いするシーズンを乗っ込み、産卵後に再び食いが戻る時期を戻りと呼ぶ。マコガレイのマコとは真子のことで、春先に産卵前の子持ちガレイが広く市場に流通するが、花見の季節のころには産卵も終わり、水温の上昇とともに身の厚みも回復してくる。

どこで釣れるの？

マコガレイはオモリを引くと柔らかく感じる砂泥地を好む（イシガレイはどちらかというと砂利底を好む）。砂地や砂礫底、砂利底といった底質が変化する境目の周辺は見逃せないポイントで、そうした場所は潮通しがよく、潮の動き出しの瞬間や止まる直前にバタバタと食ってくることが多い。

正面から見て左側に両目が並んでいたらヒラメ。だから「左ヒラメに右カレイ」と覚えておこう。数あるカレイの中でもマコガレイは人気ナンバーワンといえる

幻であると同時にこうした港湾部でねらえる身近なターゲットでもある

マコガレイを釣ってみよう

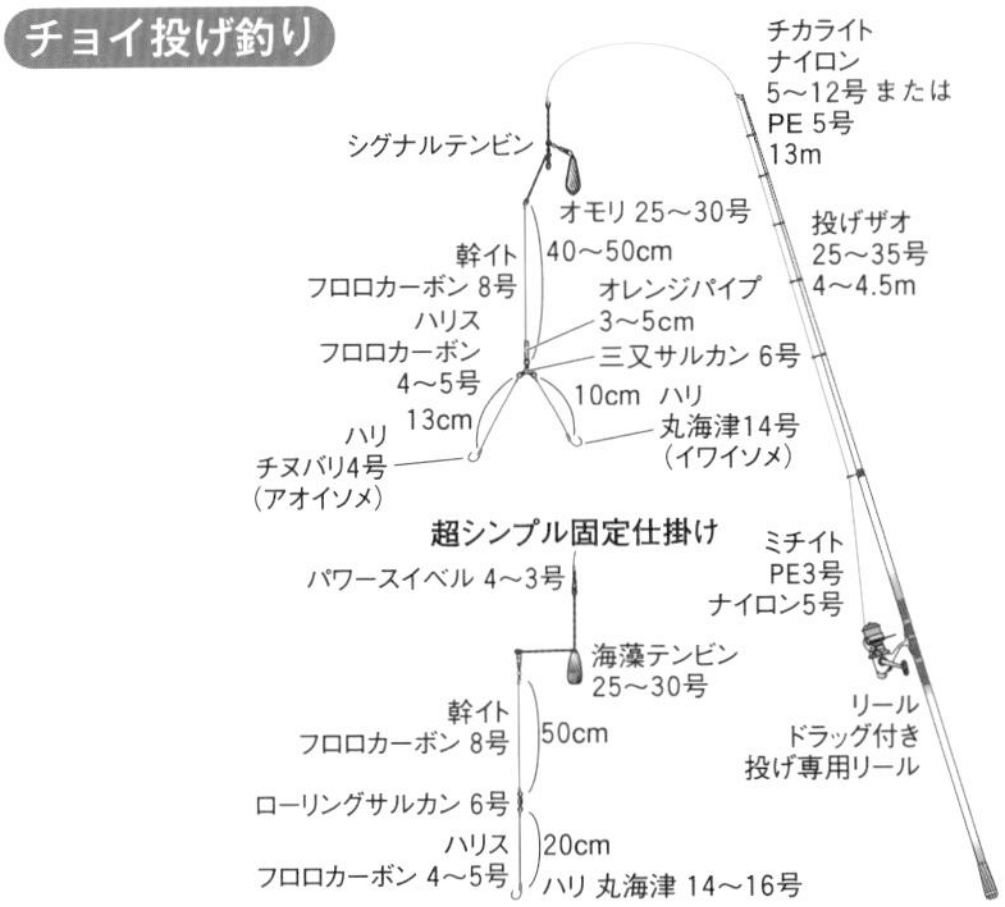

1 サイズは 30cm台が一般的。40cm以上なら大型といえる　**2** これは日本海側に多いムシガレイ（ミズガレイ）。マコガレイのほかにもマガレイ、イシガレイ、ナメタガレイ、クロガシラガレイ、ソウハチなどたくさんの種類がいる。総じて食べて旨いので人気がある　**3** サオ掛けは軽量なアルミアームを採用したものが使いやすい。三脚は中心の 1 本足が釣り人側に来るようにセットし、重しに水汲みバケツを用いると安定感が増す　**4** 市販のカレイ用完成仕掛けで充分。カレイバリの 12 ～ 14 号を目安に選ぶ。自作するなら丸海津 14 号前後がエサ付けしやすい。ハリ結びが苦手なら環付きタイプでも OK

オススメの釣り方は？

マコガレイの好ポイントは産卵場の近くであることが多いことから、例年そう大きくは変わらない。つまり、実績場に行くことが釣果の近道といえる。

ポイントに届けばチョイ投げでも食ってくるとはいえ、40㎝を超す大型ともなれば引きも強く重量もあることからライトすぎるタックルは禁物だ。また、カレイ釣りの場合、基本は置きザオによる待ちの釣りになるためタックルは2本以上用意したい。また、置きザオのためサオ掛けも必要だ。

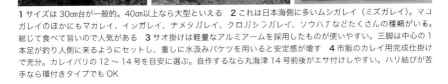

オススメのタックルは？

高価である必要はないが、25～30号のオモリを使った仕掛けをしっかり遠投できる4～4.5ｍのサオがよく、そうなると投げ釣り専用ザオになるが、なければショアジギングロッドなどでも流用可能だ。リールは投げ専用またはＰＥ3号が200ｍ以上巻けるドラグ付きのスピニングリール。ＰＥラインの先端にはチカライトとしてナイロン5～12号またはＰＥ5号を13ｍセットする。ショックを吸収してくれるという

1 エサはアオイソメだけあれば成立するが、余裕があればイワイソメも用意したい。サオ1本につき、8時間の釣りでアオイソメ（中〜細）150〜200ｇが目安。イワイソメは2本ザオで100ｇが目安。イワイソメの匂いで寄せてアオイソメを食わせるイメージだ

2 スピニングリールはドラグ付きがいい。万が一、漁船にミチイトが引っ掛かった時や、サメ、エイなどの大型魚にいきなり引き込まれた際の道具の転落防止にもなるからだ

3 秋の乗っ込み期ならアタリは大きい。明確にサオ先が「グングン」入り、ドラグをフリーにしていれば、ミチイトが「ジージー」出て行くが、それでも「遅アワセ」に徹するのがこの釣りの鉄則

4 マコガレイはエサ（ハリ）を飲み込ませて釣るので、意外とハリ先が掛かってない状態で足もとまで寄ってしまうことが多い。ゴボウ抜きの時に「ズボッ」と抜けてバラす原因となっているので必ずタモ網で掬うこと

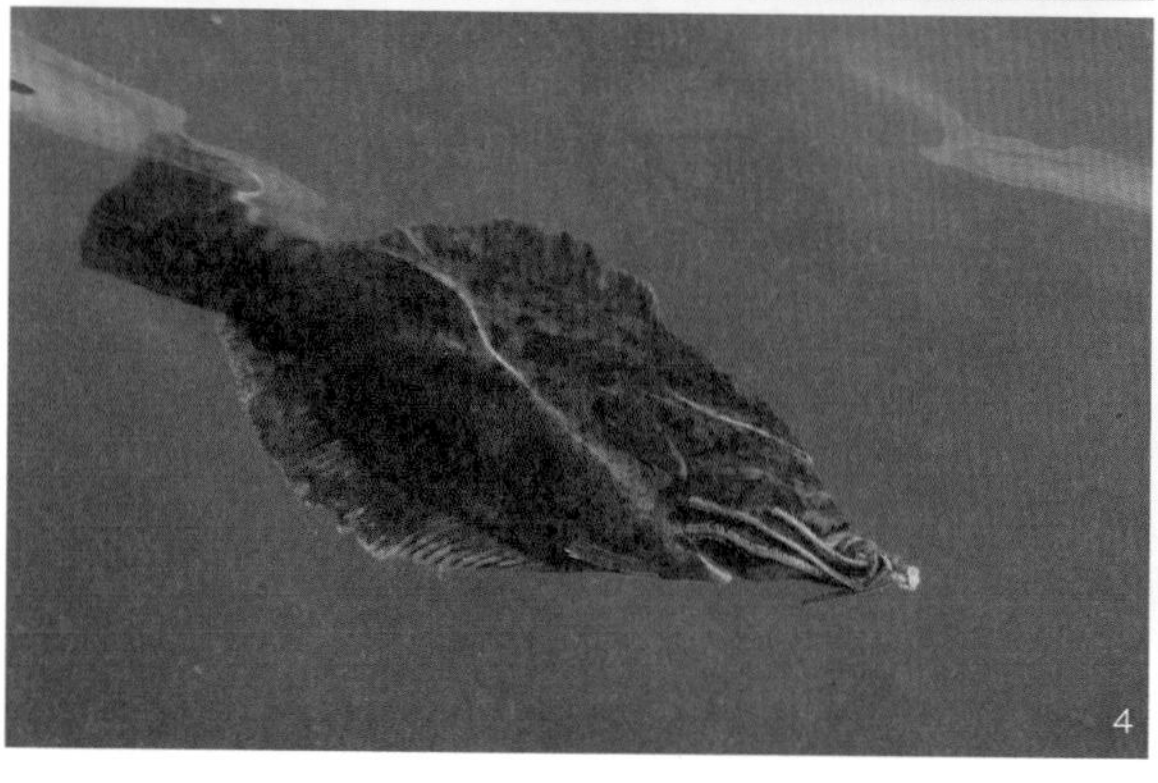

航路（船の往来には充分に注意）周辺などは地形に変化があり、カレイが溜まりやすい

意味ではナイロンのほうがおすすめだ。

テンビンは固定でも遊動でもジェットテンビンでも海藻テンビンでもOK。テンビンの先に市販のカレイ仕掛けをセットすればよい（自作する際はイラスト参照）。大事なのは、あまり小さいハリをチョイスしないこと。なぜかというと、エサをかなりたっぷりと装着するためだ。アオイソメの房掛けに匂いの強いイワイソメをミックスさせるとさらに効果的。匂いのほか視覚的にも目立つものがよいとされる。

こうすれば釣れる！

マコガレイは時合が大事な釣りだ。潮止まり直前と、止まっていた潮の動き始め、つまり満潮前後と干潮前後に食いが立つことが多い。そのため可能であればそのタイミングを効率よくねらえる日が有望。

4時間だらだらと下げているよりも、満潮からの下げ始め、干潮前、上げ始めといったように大きなチャンスを2回、3回とねらえる潮回りを選ぶのも重要だ。

初冬から春先の海水温が低い時期がメインの釣りのため、小魚のエサ取りも少ない。

おすすめ キャンプ飯

昆布の旨味を染みこませてまとわせる

マコガレイの昆布締め糸造りのおぼろ昆布和え

マコガレイの旨味をさらに引き出す投げ釣りファンだけの贅沢な一品。

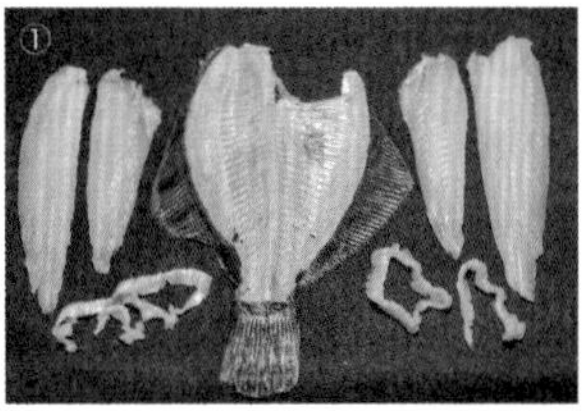

材料

マコガレイ、おぼろ昆布、立て塩（水 100cc、塩小さじ 1）、昆布、三杯酢（米酢 100cc、しょう油小さじ 0.5、砂糖大さじ 1.5、塩小さじ 0.5）

作り方

①マコガレイは 30cm 以上の良型のほうが調理しやすい。基本の五枚おろしにさばき、皮を引く

②立て塩にくぐらせ、昆布でサンドイッチにしてラップフィルムで包んで２～３時間ほど昆布締めに。できあがった昆布締めの身は細く糸造りにして三杯酢にくぐらせ、細かく刻んだおぼろ昆布と和えて小鉢へ盛り付ける

だからこそたまに来るアタリにドキドキする。アタリがないからといって動かしすぎてはいけないし、放置しておくとヒトデや海毛虫が食ってきてしまうので適度なタイミングで回収することは必要だ。

待ちの釣りになるため、キャンプ場から椅子を持参すると快適だろう。カレイは5m離れた仕掛けのエサには見向きもしないことがある。そのためサオは1本よりも2本、2本よりも3本と用意して、気になるゾーンにいくつか仕掛けを投入しておきたい。

アタリがあってもすぐには合わせず、充分に飲み込ませるつもりで待ち、アワセはしっかりと行なう。カレイの口の中は硬く滑りやすいため、ハリがフッキングしていないとスッポ抜けることが多い。また、良型は抜き上げはせずに頭のほうから必ず玉網で掬《すく》うこと。

都市河川の下流域はフッコクラスのシーバスの宝庫。バイブレーションは多くのシチュエーションに対応してくれる便利ルアーだ

シーバスは外海でも釣れるし沖合のディープにもいる。そしてこんな都会のど真ん中でも釣りが成立する。この懐の深さが人気の理由のひとつだろう

サーフもまたシーバスゲームの舞台。理由はベイトフィッシュが溜まりやすいからだ

シーバス ルアーで釣ってみたい海の魚ナンバーワン

シーバスってどんな魚？

分布や特徴は？

もともとはスズキによく似たヨーロッパシーバスの英語名からシーバスの名が定着したのが始まりだが、日本でシーバスといえばスズキのことで、おもにルアーで釣る際の呼び名である。北海道沿岸部から九州西岸までの日本海、東シナ海、日向灘までの太平洋沿岸、瀬戸内海に分布。

大きさは？

最大１ｍを超えるが、80㎝を超すと「ランカー」と呼ばれ、大型とみなされる。和名では30㎝未満をセイゴ、60㎝未満をフッコ、それ以上をスズキと呼ぶ。

釣期はいつ？

ほぼ周年ねらえるが、多くは12～翌１月に産卵することから、この時期は岸から離れた沖合に集まるため釣りにくくなる。産卵明けの２月以降、痩せた個体が河川、運河などに戻ってくるが、その頃はゴカイやアミ、稚イカなど泳ぎ回らなくても捕食しやすいベイトから食べる傾向があり、水温が上昇するとともにベイトの追いが活発になる。

どこで釣れるの？

春になると浅場や河川内に入り込むほか、港湾部、磯、干潟、沖合などいくつものグループに分かれる。若魚ほど淡水域に多いが、時に特大クラスが河川内でも釣れる。基本的に汽水域を好む。

港湾部であればカタクチイワシやコノシロ、河川であれば稚アユや落ちアユの多いところはシーバスも集まりやすい。

シーバスを釣ってみよう

ルアー釣り

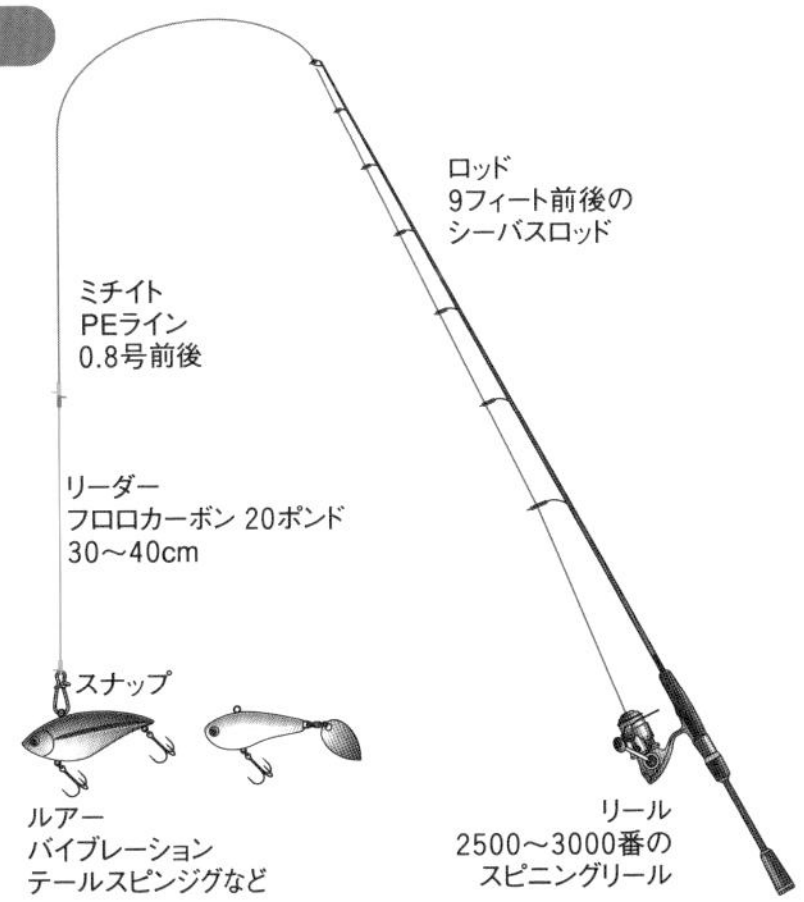

1 バイブレーションは川の流れに乗せたり横切らせたりもできるが万能ではない。状況に合っていないと感じたらルアーを交換してみよう　**2** ボートからの釣りも非常に楽しい。ストラクチャーねらいのキャスティングゲームもあればバーチカルなジギングゲームもある。キャスティングとやり取りのスキルを上げるためにボートに乗り込むのも手だ　**3** 堰さえなければ大河川の中流域にまでシーバスは遡上してくる。こうしたフィールドではロングロッドによるロングキャストが欠かせない　**4** 9フィートクラスでミディアムパワーのシーバスロッドであれば、大半のシチュエーションに対応できるほか小型回遊魚ねらいにも使える

オススメの釣り方は?

キャンプの一環で楽しむならルアー釣りが一番。もちろん、ウキ釣りや泳がせ釣り、投げ釣りの人気も高いが、海のルアー釣りの代表的なターゲットであることは間違いない。

その人気の理由は、釣って楽しいからだ。楽しい理由はいくつもある。それは魚の付き場が何十通りもあり、これを推理する面白さがあること。場所を絞り込んでも、食べているエサや種類や大きさによって選択するルアーがこれまた何十、何百通りもあり、ここを推理する面白さがある。

掛けたあとはエラ洗いやテイルウォークを繰り返す陽気なファイトが楽しめるし、大型ともなればロッドを満月にするほどの重量感で圧倒する。姿形は文句なしにカッコよく、キャッチ&リリースが一般的ながら実は食べても旨い。

オススメのタックルは?

前項でも書いているとおり、この釣りの面白さはルアーの豊富さにあるといっても過言ではない。いわゆるシーバス用ルアー

バイブレーション、メタルバイブレーションはどこでもいつでも欠かせない強い味方

1 表層に群れるボラの子どもにボイルしているような状況なら、こんなトップウォータープラグを試してみるのも面白い
2 他のルアーでは届かない遠くのナブラをねらったり、深場まで一気に探りたいときはメタルジグがあると便利

3 ジャンプを繰り返すド派手なファイトは病みつきになる
4 東京湾の釣り公園の多くはシーバスの好釣り場。港湾部に増えているキャンプ場に隣接する運河などでも楽しめるところは多い

と呼ばれるものとしてはミノー、リップレスミノー、シンキングペンシル、バイブレーションが挙げられるが、これも細分化すればトップウォーターもあればビッグベイトもあり、メタル系やワームの出番もある。

　となると使えるタックルもさまざまあり、一概にこれとはいえないが、汎用性が高くて多くの釣り場やシチュエーションに対応できるのは、やはりシーバスロッドである。港湾部や運河など比較的狭いエリアで精度のよいキャスティングが求められる場合はショートロッド、サーフや大河川の河口など飛距離が求められる場合はロングロッドが有利になる。その中間にあたる9フィート台ならどちらにも対応可能。

　リールはPEラインの0・8号前後が150m以上巻けるもの。ブラックバス用よりもひと回り大きなものがいい。ランディング用の玉網と、ルアーを咥《くわ》えた魚の下顎《あご》を掴むのに便利なフィッシュグリップも用意したい。

こうすれば釣れる!

もともと汽水域を好む魚のため、東京

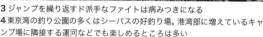

高級感あふれる白身魚の本領発揮

スズキのバジルゴマチーズ入りパン粉揚げ焼き

クセがないから洋風の濃いめの味付けが合う

材料

スズキ、小麦粉、溶き卵、ミックスパン粉（パン粉カップ１、白ゴマ・乾燥バジル各大さじ１、粉チーズ大さじ２）、塩こしょう、オリーブオイル、レモン、タルタルソース

作り方

①節身にしたスズキは皮付きのまま厚くスライスし、塩こしょうを振っておく

②揚げ衣は小麦粉→溶き卵→ミックスパン粉の順で付ける

③最後のミックスパン粉は手の平で圧迫する感じでしっかりと付着させる

④オリーブオイルはフライパンの底が隠れるくらいにたっぷりと注ぎ、中火から中弱火で焼き始める

⑤キツネ色の焼き色が付いたらひっくり返し、同じように色付くまで焼いたら揚げバットで余分な油を切る。タルタルソースとの相性がよい

湾をはじめ名古屋、大阪などの大きな湾内の港湾部や都市河川周辺に多い。キャンプ場も多様化しており、近年では都会のウォーターフロントにデイキャンプ場、ＢＢＱスペースが増えている。まさにそんなところはシーバス釣りのメッカである可能性が高い。

シーバスの面白さに、夜も釣れるし昼間も釣れるということが挙げられる。特に港湾部はデイゲームもナイトゲームも盛んだが、おすすめはすべてが丸見えで興奮度が高いデイゲーム。最初の1尾をねらうのであれば、飛距離が稼げて、浅いところから深いところまで探れて、基本的には巻くだけで釣れてしまう万能ルアーのバイブレーションプラグをすすめたい。

落ちアユ、バチ抜けなど、特定のベイトを捕食しているケースもあるので、ルアーのタイプとサイズはできるだけ幅広く揃えておきたい。

九州をはじめとする西日本に多いキジハタだが、近年は伊豆半島や関東地方でも急速に数が増えている

ハタ御三家の中でも遊泳力が高くベイトフィッシュを追い回して中層まで浮くことも多いオオモンハタ

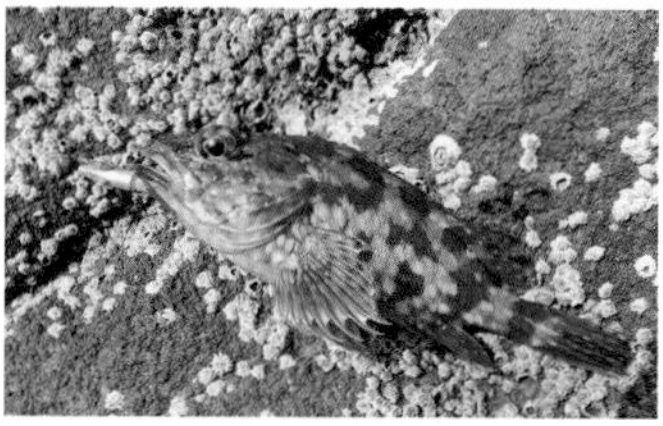

カサゴはハタよりも身近な根魚。堤防の際や隙間で連発することも珍しくない

カサゴ・ハタ

磯でも堤防でも
河口でもねらえる

カサゴ・ハタってどんな魚？

分布や特徴は？

カサゴは北海道から九州までの日本海、東シナ海、太平洋、瀬戸内海沿岸の水深10㎝の浅場から50ｍ前後の岩礁域に広く生息。体色は暗褐色や赤褐色などの入り混じったまだら模様で、生息環境によって個体差がある。

ハタはたくさんの種類がいるが、沿岸部のオカッパリでよく釣れるのはキジハタ、オオモンハタ、アカハタで、釣りで人気のハタ御三家とも呼ばれる。いずれも南方系の魚とされていたが、近年は温暖化の影響か関東や東北にも勢力を拡大中で、特に東京湾や伊豆周辺ではすっかり定着している。とはいえハタは1尾釣れれば大成功の価値ある魚。対するカサゴは時として穴場を発見することでヒット連発もありえる。こうした根魚のことをルアー釣りでは「ロックフィッシュ」と総称し、人気のジャンルになっている。

大きさは？

カサゴは25㎝を超えれば大型といってよく最大は30㎝。キジハタとオオモンハタは40㎝を超え、最大は50㎝以上。アカハタは最大で40㎝ほど。

釣期はいつ？

カサゴはほぼ周年ねらえるが、岸から良型がねらいやすくなるのは秋から春。秋になり水温が低下すると深場から浅場に成熟した個体が集まり、3月くらいまで繁殖活動を行なうためである。

ハタ御三家は高水温期に岸寄りの浅場に差してくることから夏場の6～9月がベストシーズン。キジハタとオオモンハタは根魚ながらシーバスのように底から浮いてベイトフィッシュを追い掛け回すアグレッシブさを持つ。アカハタはほぼボトムオンリーで根から離れようとしない。その分、掛けたらすぐに巻き上げないと根に潜られてしまいやすい。

どこで釣れるの？

カサゴは漁港や堤防、磯周りなどでねらえ、日中は主にケーソンの隙間や消波ブロックの中、磯の海藻周りなど物陰に潜んでいる。体色を周囲に同化させて擬態しながら、獲物の通過を待ち構えており、目の前にルアーを通せば意外と簡単に口を使ってくる。夜行性のため夜は住処を飛び出し、根周りや堤防の壁面に沿って泳ぐなど行動が活発になる。

ハタ御三家は堤防より磯、磯よりは沖堤防や沖磯というように、より外海に面した水深のある潮通しのよい海域が有望。日中は物陰を好むところはカサゴと同じだが、小魚の群れが近づくと巣穴を飛び出して底から何mも浮いて捕食するところが大きく違う。カサゴはカニやエビなどの甲殻類を中心に小魚も捕食するのに対して、キジハタやオオモンハタは小魚を中心に甲殻類も捕食する。同じ雑食性でもタイプがだいぶ違う。アカハタはややカサゴ寄りの性格のハタといえる。

カサゴ・ハタを釣ってみよう

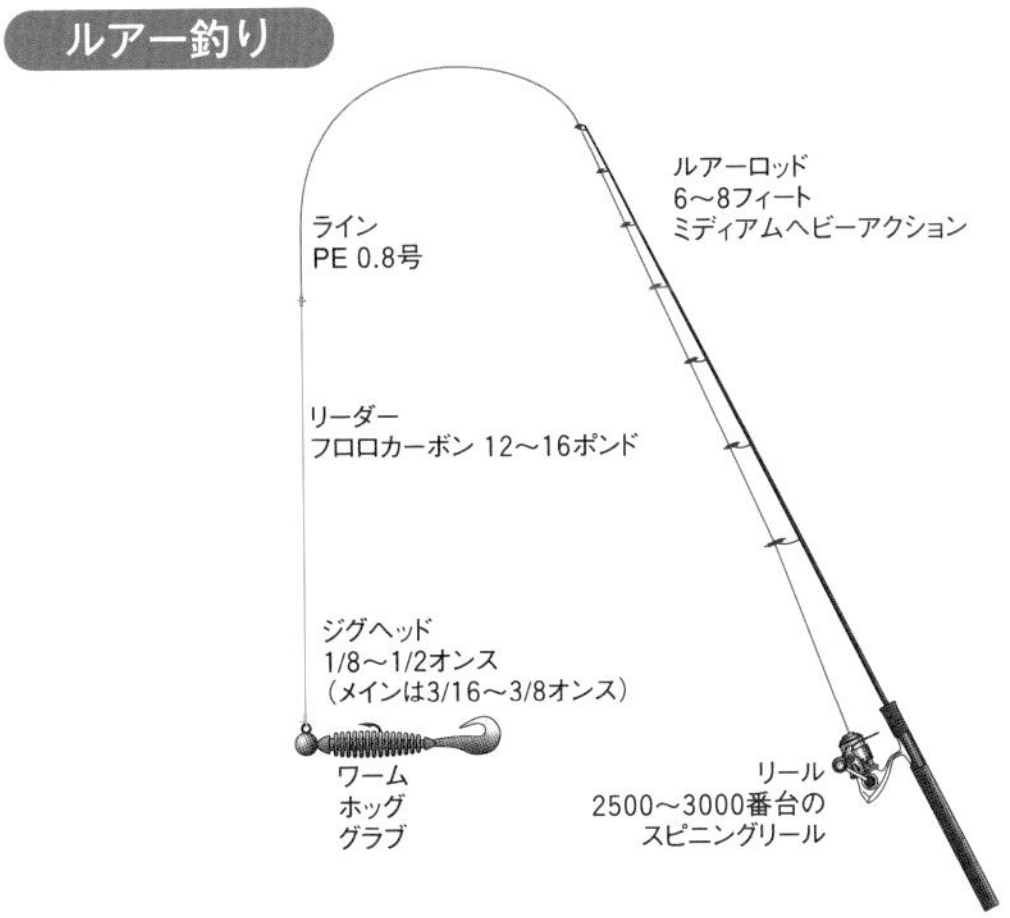

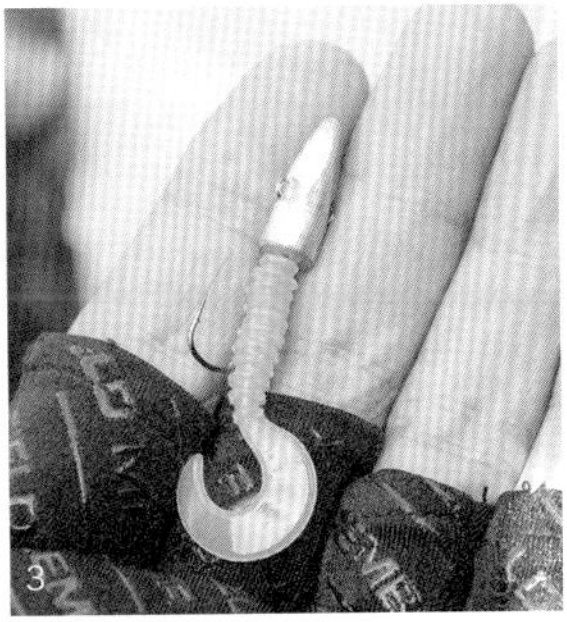

1 ハタ御三家の中で最も根の際にいるのがアカハタ。中層に浮くことはなく完全なボトムねらいになる　**2** 堤防に隣接する地磯などは手軽に探りやすく地形変化も多いのでロックフィッシュがたくさん潜んでいる可能性が高い　**3** 根掛かりしにくくスリ抜けもしやすいテキサスリグなども使うが、堤防周りをスピーディーに探るならジグヘッドリグのほうが簡単かつフッキングも決まりやすい　**4** 根魚は食った直後に反転して根に潜ろうとするのでフッキングが決まったらとにかく根から離してしまうこと

オススメの釣り方は？

こうした根魚を岸から釣るなら、ブラクリと呼ばれる仕掛けが定番であった。オモリとハリが極めて短いハリスで一体化しているため海底でオモリが転がっても根掛かりしにくく、消波ブロックの隙間などにも送り込みやすい。このメリットをそのまま活かせるのがジグヘッドリグというルアー釣りの仕掛けだ。

小さなジグヘッドには小さなワーム、大きなジグヘッドには大きなワームというバランスが合う。こうした根魚類の口は総じて大きく、また一気に丸呑みするため、アピール重視で大は小を制する傾向にある。もちろん、ブラクリに魚の切り身やイカの短冊などのエサを装着してもよく釣れる。ただし、ウツボが多い海域では食わせても仕掛けを切られてしまうので注意したい。

オススメのタックルは？

ハタを含む大型ロックフィッシュ専用タックルもあり、もちろんそれを使うのが最もストレスがないが、あくまでもキャンプの楽しみ方の一環としてカサゴ・ハタをねらうなら、バスロッド、エギングロッド、硬めのメバルロッドなどの中から好きなものを選べばよい。カサゴではなく良型のハタをメインにねらいたい場合は、掛けたあとに強引に根から引き離せるパワーのあるロッドが安心だ。東北や北海道で盛んなアイナメ釣りに使うロックフィッシュ専用タックルがそれにあたる。

ライトパワーのスピニングタックルなら、メインラインはPE0・6号前後、リーダーはフロロカーボン2~3号を約1m。中型以上のハタをねらうのであればヘビーパワーのスピニングタックルまたはベイトタックルを用い、ラインはPE1号前後、リーダーはフロロカーボン3~4号を約1・5m巻いておく。

こうすれば釣れる！

カサゴとハタはセットでねらうことができる。夏場を中心にした堤防や地磯周りをワームのジグヘッドリグで釣るとカサゴやハタのほかにムラソイやベラなども食ってくるのでロックフィッシュ五目が楽しめる。

日中は堤防の隙間や岩礁帯の陰、海藻帯

1 捨て石が敷き詰められた堤防周りはカサゴやハタが多い。根魚なので砂地よりもハードボトムに多い **2** カサゴやハタの若魚ねらいであればライトタックルでOKだが、大型のハタをねらうのであればヘビーパワーのタックルが必要だ **3** キジハタやオオモンハタはヘビーテキサスリグなどのほかバイブレーション、スピンテールジグなどの巻きモノへの反応もいい

の周りなどがポイントで、消波ブロックが設置されている堤防ではその周辺も有望だ。

ジグヘッドは3~5gが根掛かりも少なく、ワームもジグヘッドのサイズに合わせて2~3インチの小型のものを選ぼう。ワームはカーリーテール、ピンテール、シャッドテールの3タイプを用意。まずは水の抵抗を受けて滑らかにテールが動くカーリーテールタイプをチョイスしよう。

釣り方は簡単。軽く手前に投げてジグヘッドリグを着底させたら、海底からあまり離さずにロッドを立ててルアーを持ち上げ、そのまま動かさずにいると自然とルアーがゆっくり着底する。この操作をリフト&フォールといい、基本の操作方法になる。

これで根掛かりが多発するようなら思い切ってワームをピンクや赤、パールホワイトなど目立つ色に変えて、サイトフィッシング＝見釣りを試してほしい。操作するルアーが見えているので根掛かりしにくく、魚が食えば体が勝手にいいタイミングでアワセを入れられる。見える範囲を探るということは足もと付近の浅場をしっかり丁寧に探ることにつながり、浅すぎるかなと

おすすめキャンプ飯

サクッ、ジュワッの間違いない旨さ

カサゴの姿揚げ

揚げたてのアツアツは骨までしゃぶりたくなる旨さ。全く同じレシピでハタの姿揚げができる。

材料

カサゴまたはハタ、塩、片栗粉、揚げ油、レモンなど柑橘類

作り方

①カサゴはウロコと内臓を処理したら、エラの外周を切っ先で回し切り……

②指先でエラを引っ張り出す。水洗いをして水気を拭く

③火の通りがいいように背ビレの両側などに飾り包丁を入れて塩を振り、頭と腹の中まで片栗粉をよく叩き、余分な粉を払い落とす

④ 165 ～ 170℃の低めの揚げ油でじっくりと揚げる。この際、玉じゃくしを使ってこまめに油をかけ回すとよく、最後に揚げ油を 180 ～ 185℃の高温に上げて仕上げる。レモンなどの柑橘類を添える

思っても魚体が隠れるだけの水深があれば探ってみると連発することもある。

ハタ類はカサゴよりも潮通しのよいエリアで派手目なアクションに反応するので、小刻みにジャークしてダートからのテンションフォールで誘うのが効果的。こうした釣りには水抵抗の少ないピンテールワームが合っている。これらの誘いで釣れない場合は、もう少し根周りをタイトに探る必要があるので、今度はテキサスリグを試してみよう。ジグヘッドリグがオモリとハリが一体だったのに対して、こちらは分離している。ワームも3～4インチとひと回り大きなものを使い、ハリはオフセットタイプにしてハリの先端部をワームのボディーに薄く埋め込むことで根掛かりしにくくなる。

タックルはヘビーパワーがおすすめだ。操作はリフト&フォールでOK。ジグヘッドと違ってハリがむき出しではないので根掛かりは非常に減る。

大型のハタがねらえる釣り場であれば、スピンテールジグというフラッシング効果の非常に高いルアーで、ここぞと思える根周りをスローにただ巻きするのも有効だ。

東伊豆に回遊する太いアカカマスは現地でアブラカマスとも呼ばれるほど脂が乗っていて美味

カマスの回遊があると釣り場は朝からカマスねらいの釣り人で大賑わい

ヤマトカマス（右）とアカカマス（左）の違い。ヤマトカマスの良型にはサバのような模様が背部にあるがアカカマスにはない。腹ビレの位置や尾ビレの色も違う。体型はヤマトカマスが丸い筒型でアカカマスは体高がありやや偏平。そしてアカカマスのほうが大型に成長し、食味がよいとされる

カマス

群れが回れば怒涛《どとう》のヒット祭り！

カマスってどんな魚？

分布や特徴は？

北海道から九州・沖縄まで日本列島の沿岸部に広く生息。一般的に「カマス」と呼ばれるのは標準和名アカカマスを差し、アブラカマス、ホンカマスなどの地方名がある。本種とは別に背中にサバのような模様のあるヤマトカマス（地方名はミズカマスなど）がおり、食味のよさではアカカマスに軍配が上がる。

大きさは？

アカカマスは１歳で30cm､２歳で34cmになり、寿命は７年ほど。最大で50㎝ほどに成長するが岸からは40cmもあれば大型といってよい。ミズカマスは最大でも40cm以下で岸から釣れるのは30cm以下が中心。

釣期はいつ？

地域によっても異なるが、カマス釣りが盛んな静岡県伊豆半島では７～９月はヤマトカマスがよく釣れ、10月になって水温が下がるとアカカマスが釣れ盛り、年を越して春先まで釣れるところが多い。ただし、年によっては９～11月にヤマトカマス、10～３月にアカカマスが釣れることもあり、なかなか動向が読めない傾向にある。

どこで釣れるの？

サビキ釣りが人気のわりと大型の漁港はどこもカマス釣りが盛んな傾向にある。カマスが捕食しているのはカタクチイワシの稚魚（シラス）やキビナゴなどなので、それらの回遊が頻繁に見られる釣り場ならどこもチャンスがある。外海に面してポツンとある堤防よりも、間口が広くて奥行きのある大きな湾内にある漁港であれば群れが抜けにくく、シーズンを通じて釣果が安定しやすい。

カマスを釣ってみよう

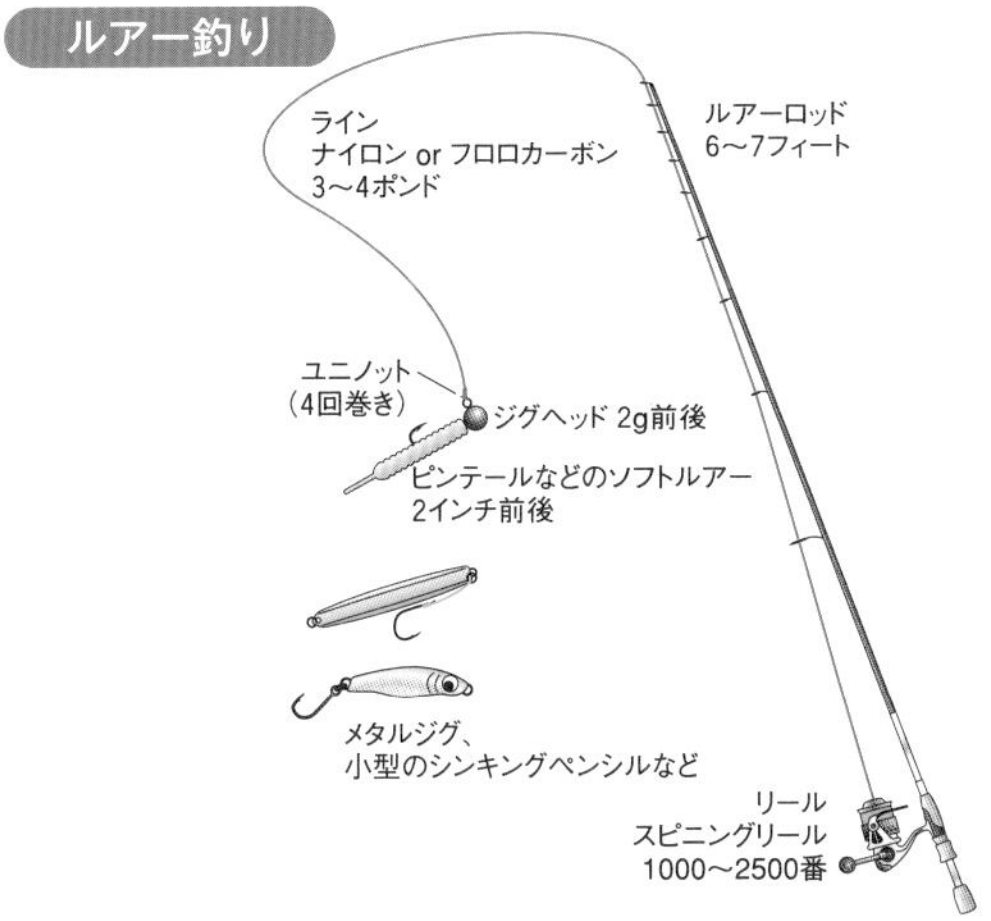

1

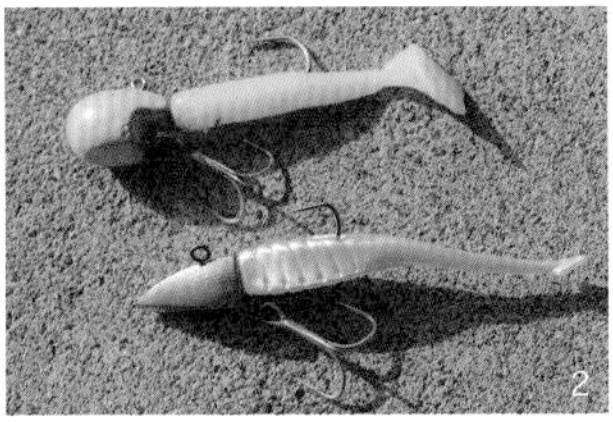
2

3

4

1 タックルはメバル用やチョイ投げタックルがマッチ　**2** ジグヘッドはヘッドが丸いラウンドタイプと三角形のデルタタイプを使い分ける。どちらにもアシストフックやブレードなどを取り付けるアイがあり、ここにトレブルフック＃10を装着するとフッキング率がアップする。ウエイトは3～10ｇ。セットするワームは1.5～2インチのシャッドテールやピンテールなど　**3** ジグヘッドワームにヒットしたカマス。カマスは95％以上の確率でアイにセットしたトレブルフックにフッキングする　**4** スピンテールジグはブレードの回転が強力にアピールし、特に大型のアカカマスに効果的。遠投しやすいのもメリットだ。対してメタルバイブはボディーの強い波動でカマスを引き付ける。またフックが2本のためスピンテールジグよりもフッキングさせやすい

オススメの釣り方は？

非常に獰猛《どうもう》な性格のため、群れさえ接岸していれば、多彩なルアーに反応する。最も手軽なのはメバルを釣るような極小ジグヘッド＋極小ワームの釣り。ポイントが遠いとき、やや深いとき、入れ食いですぐにワームがボロボロになる場合などはメタルジグやスピンテールジグがマッチ。また、裏技としてメタルジグをオモリ代わりにサビキ仕掛けをセットするジグサビキ（投げサビキ）と呼ばれる釣り方はある意味で最強だ。

オススメのタックルは？

軽いジグヘッドなど軽量ルアーを中心にするのであれば7フィート前後のメバルロッド、トラウトロッド、ウルトラライトパワーのバスロッドなどが使える。メタルジグやスピンテールジグをメインに使う場合は同じか8～9フィートのロングロッドのほうが投げやすい。

こうすれば釣れる！

群れが近いようなら2g前後のジグヘッ

カマス釣りではボトム近くの底層をねらうのがセオリーだが、はるか沖で大型のアカカマスが海面近くに群れることもあるので上下ともにチェック。リトリーブ時にアタリを感じたらロッドを立てて軽くアワセを入れる

スピンテールジグのチャートカラーがこの日の大当たりルアー。このサイズの入れ食いを楽しむ横で、合っていないルアーやカラーや誘いの人にはアタリすらないことも

ドに2インチ前後のワームを組み合わせた軽量ジグヘッドリグが最も簡単だが、これで釣れるということは群れが最接近している状態なので、手返しも重視してもう少し攻撃的なダートの釣りに切り替えるとよい。

ただ巻きの釣りには丸いヘッドのラウンド型とシャッドテールワームを主に使うが、ダートの釣りには三角形ヘッドのデルタ型が合う。ワームもジグヘッドと同じ断面の三角形のものがよく、テールは抵抗のないピンテールがマッチする。ジグヘッドのサイズは、ただ巻きは2〜5g、ダートの釣りには3・5〜7gがマッチ。このままでも掛かるが、ヘッド下部のアイにトレブルフック#10〜12を装着すると、十中八九、このトレブルフックにフッキングする。ダートさせるコツはエギングと同様、シャクリを入れる前にしっかりとイトフケを作ることだ。

そして、さらに遠くに投げたり、少し沈ませる必要があれば、メタルジグまたはスピンテールジグにチェンジしよう。

スピンテールジグはブレードの回転が強力にアピールし、特に大型のアカカマスに効果的である。釣り始めはポイントの距離とレンジを探るためできるだけ遠投し、一度着底させてからミディアムスピードでアクションを加えずにリトリーブするのが基本であるが、60m以上沖のポイントでは大型のアカカマスが海面近くで群れなすケースもある。

スピンテールジグやメタルバイブはルアーのサイズが大きい分、遠投が利くのみならず釣れるカマスも大型が多い

リトリーブ時にアタリを感じたらロッドを立てて軽くアワセを入れ、しっかりハリ掛かりさせる。そして一定のスピードでリールを巻き、海面にカマスを浮かせたところで、サオ先を下げ、最後に静かに持ち上げる感じで抜き上げる。取り込みにもたつくとカマスが頭を振ってバレやすい。

カマスはいるのにこうした釣りでなかな

おすすめ
キャンプ飯

青魚と爽やかな生姜の風味の
絶妙マッチング

揚げカマスのジンジャードレッシングサラダ

ジンジャードレッシングは覚えておくと広く出番のある味だ。

材料

カマス、ブロッコリー、パプリカ各色、ジンジャードレッシング（オリーブ油大さじ3、酢大さじ1.5～2、ショウガの絞り汁小さじ2、砂糖ひとつまみ、塩こしょう適宜）、ショウガの千切り、片栗粉、揚げ油

作り方

①カマスは3枚におろし、腹骨と血合骨を取り除く。皮付きでひと口大のそぎ切りにして薄く塩こしょうをし、片栗粉をまぶす

②170～175℃に熱した揚げ油で揚げる。大きかった泡は水分が蒸発してくると小さくなってくる

③淡いキツネ色に色付いてカラリと揚がったら揚げバットで余分な油を切る

④ジンジャードレッシングはよく攪拌し、ねっとりと仕上げる。揚げカマスとゆでたブロッコリーの小株、パプリカの薄切りを器に盛り込み、ドレッシングを絡めてショウガを散らす。また、少し時間をかけて味を染み込ませ、マリネ風に仕上げても美味しい

①

②

③

④
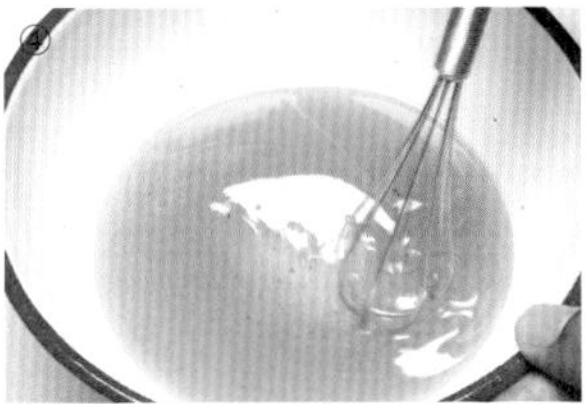

かヒットに結び付かないときは、ジグの上に魚皮とフラッシャーを用いた4～5本のサビキを使うとよい。ジグサビキ、カマスサビキなどの名前で販売されているので釣行の際はあらかじめ用意しておくと必ず出番がある。

　サビキに面白いようにカマスが掛かるのは痛快だ。一度に3～5尾掛かるので一気に数を稼ぐことができる。基本の操作は「海底近くを根掛かりしないスピードで、できるだけゆっくりと軽くアクションをいれながらリトリーブする」ことである。弱った小さなイワシが数尾海中を漂うように泳いでいるイメージといえばよいかもしれない。とにかくスローにゆらゆらとサビキを動かすことが大切である。これでも食い渋るようなら、ジグの上にセットしたサビキをジグの下に吹き流すと効果てきめんということもある。

　細身ながら引きはなかなか強く、時に投げサビキで3～4尾が一度に掛かるとリールが巻けないほど。さらに食味がよく、刺身や塩焼き、フライ、干物と調理法を問わないのも魅力だ。

姿形が美しくゲーム性が高く食べても美味。しかも船に乗らずとも岸から釣れるとあってイカ類の中でも人気はナンバーワン

アオリイカ

手軽にねらえて
キャンプ飯が
豊かになるイカの王様

アオリイカってどんなイカ？

分布や特徴は？

東北から九州沖縄まで（一部北海道南部でも確認されている）日本海側にも太平洋側にも広く分布。浅い岸寄りの沿岸部に生息する大型のイカで、幅の広い胴と半円形の大きなヒレ（エンペラ）を持つのが特徴だ。生きている間の体色は半透明で、釣りあげて死ぬと白濁する。非常に好奇心が強く、餌木と呼ばれるルアーへの反応がすこぶるよい。

食べても最高に美味しい。しかも、スルメイカなどと違って普通はスーパーマーケットの鮮魚コーナーにも並ばないので、釣ったらキャンプ飯が一気に豪華になること請け合いだ。刺身はもちろん、オリーブオイルとガーリックで炒めるだけでご馳走になる。

大きさは？

秋から冬は300～500gが中心で、春から夏は800g～大は3kgオーバーになる。2kgともなれば胴長は40cmを超え引きは非常に強く、抜き上げることは難しい。取り込む際は玉網か専用のギャフが必要だ。

釣期はいつ？

シーズンは春から夏に生まれたアオリイカが釣れるサイズまで成長する秋9月くらいから始まる。手のひらサイズの数釣りに始まり、水温が低下するほどサイズがよくなり岸から釣れる数は減っていく。冬の間は船からねらうような深場に落ちてしまうが、春になると産卵のため再び浅場に戻ってくる。4～6月は大型ねらいの最盛期。

どこで釣れるの？

アジやメジナが生息するような環境であればアオリイカもいることが多い。内湾にもいるが、どちらかといえば塩分濃度の濃い外海に多い。潮通しのよい漁港、堤防のほか陸続きの地磯からもねらえるが、磯は足元が滑りやすいためスパイクシューズやライフジャケットの着用など安全面も万全に望みたい。地域によってはサーフ（砂浜）からもねらえる。

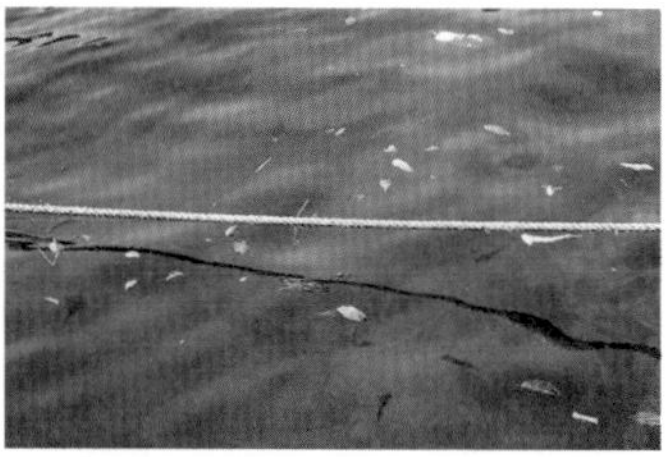

産卵は春から初夏に行なわれ、夏から秋口には港内の奥まった波静かな海面に生まれて間もない赤ちゃんイカがプカプカと浮いている。あとひと月もすれば餌木を追うようになる

1 アオリイカの寿命は1年。春に生まれてまた翌年の春にはこんな大型に育っている。最大は3kgを超す　2 アオリイカ釣り場の目安はメジナが釣れる磯や堤防。汽水域を好むクロダイ釣り場よりも塩分濃度の高いメジナ釣り場のほうがアオリイカは多い

アオリイカを釣ってみよう

ルアー釣り

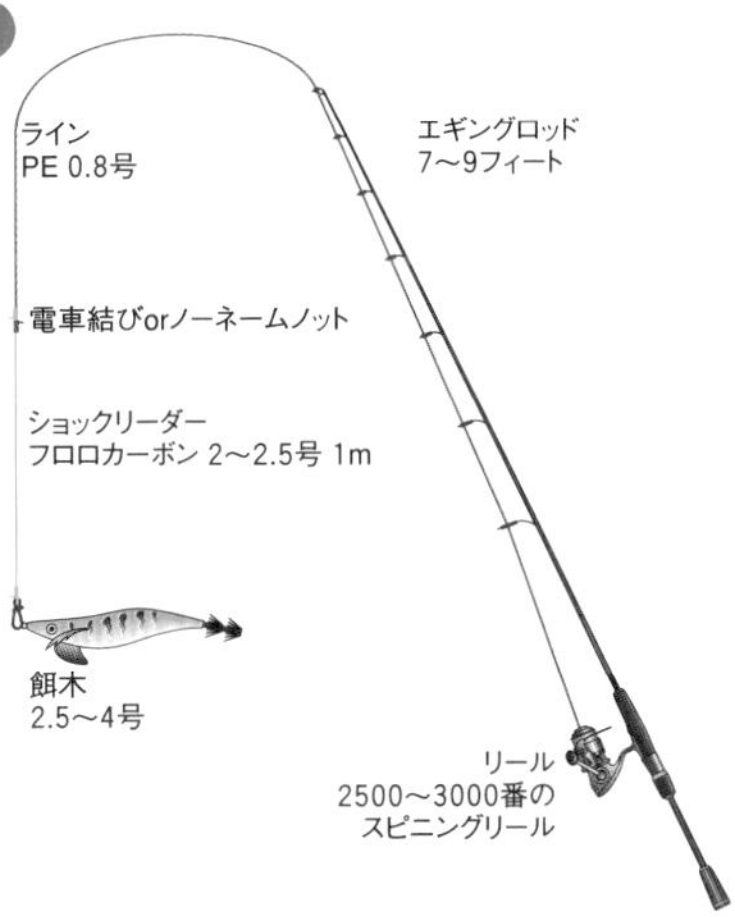

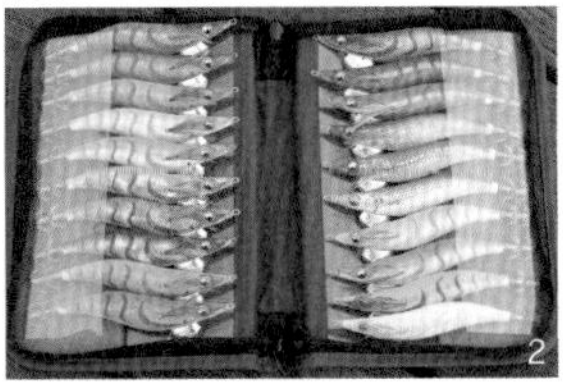

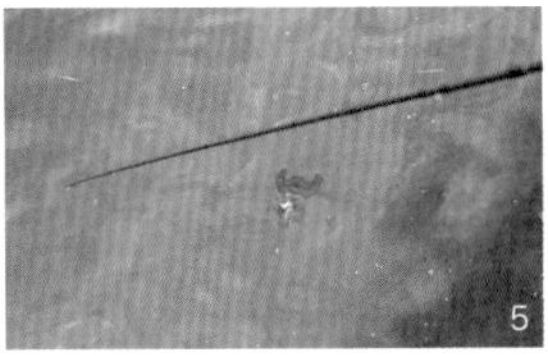

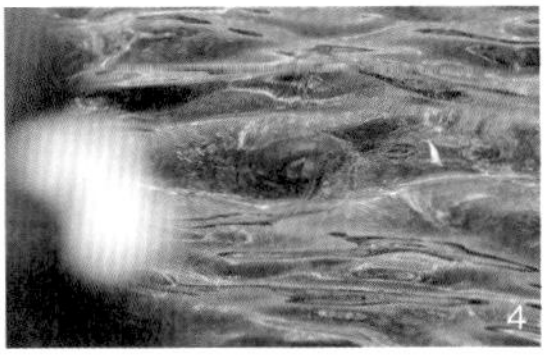

1 ロッドはエギング専用タイプがシャクりやすくラインのガイド絡みもしにくいのでオススメだ。しかもエギングロッド自体は汎用性が高いので他の釣りに幅広く使えるので1本購入しておくと非常に役に立つ。リールもリーズナブルな専用機が充実している　**2** 餌木は全国的に3号と3.5号の出番が多く、オールシーズンでこの2サイズしか使わないというアングラーも多い。その中でノーマルタイプのほか沈みの遅いシャロータイプ、沈みの早いディープタイプを揃えれば万全　**3** こうしたイカ墨は釣れるサイズが分かるほか、濃度によって最近釣れたのか以前に釣れていたのかの判断材料になる。自分が釣った際は海水を流してきれいにするのもマナー　**4** 餌木には多彩なカラーがあるが、迷ったら背中の色が見やすいものにするといい。たとえばオレンジ、ピンクなどは見やすく、こうして浅場をダートさせた際に見失いにくい　**5** 海面に浮上させたらゆっくりとリールを巻いて足もと付近まで寄せてくる。この時、しっかりフッキングが決まっているか、抜けそうなサイズかを判断する

オススメの釣り方は？

アオリイカには人気の釣り方が3種類ある。生きたアジなどの小魚を泳がせて、あとから掛けバリをイトに掛けて投入するヤエン釣法。掛けバリをセットしたウキ釣り。これらエサ釣りも人気だが、手軽さでいえば今回紹介するエギングと呼ばれる釣法が一番。でキャンプがてらに楽しめて、エサの用意もいらず、群れが寄っていれば数分で数ハイをキャッチして、キャンプ飯の目玉料理にすることもできる。また、スナップの先を餌木からほかのルアーに交換すればエギングタックル1本で多彩なルアー釣りも楽しめる。

オススメのタックルは？

岸からのエギングなら8〜9フィート（約2・4〜2・7m）の、安くてもいいのでエギング専用ロッドが便利だ。専用ロッドは餌木をシャクりやすい調子になっており、シャクった際にラインが絡みにくいガイド設定になっているためだ。しかも汎用性が高く、岸からのシーバスや小型回遊魚などのライトゲーム全般に使える。

1 ラインが切れたりロッドが折れる重さではなく、なおかつ身切れもなさそうであればそのままゴボウ抜きにしてもいい　2 良型は抜き上げるのではなくエギング専用のギャフを使ってランディングするのが一般的　3 ギャフがない場合は玉網を使うが、大型のアオリイカは玉網に近づくとジェット噴射で激しく抵抗するので注意したい。アオリイカの目と目の間は急所になっているため、締めて保存するならここを刺す

リールはPE0・8号を100m以上巻ける2500～3000番のスピニング。PEラインの先には必ずリーダーと呼ばれる先イトをセットする。PEラインを餌木に直結するとシャクった際に餌木のカンナ（掛けバリ）にラインが絡みやすくトラブルが頻発するほか、目のいいアオリイカは警戒して逃げてしまうことが多い。

リーダーはフロロカーボン2号を1ヒロ（約1・5m）。このときの結び目が大きいとガイドの抜けが悪くなるので注意。FGノットなど摩擦系と呼ばれる結びは強度が強く結び目も小さくなるが、かなりの練習が求められてコツもいる。比較的簡単で強度もアオリイカ相手なら充分なノーネームノットや電車結びを試そう。

餌木は周年3号と3・5号を多用する。この2サイズさえあれば事足りるが、秋口で小型ばかりのときには2・5号、春の大型ねらいで水深が深いところなどでは4号を使うケースもある。種類がたくさんあって迷ったら、背中の色が自分から見やすい目立つ色（ピンクやオレンジなど）を選ぶのが無難だ。

こうすれば釣れる!

磯周りのほか堤防からでも海水の透明度が高いようならサイトフィッシング、つまり見釣りが断然オススメだ。水面の乱反射を抑えて水中が見えやすくなる偏光グラスは必需品になる。

もちろん、夜釣りではなく明るい日中の釣りだ。餌木の多くはロッドをチョンチョンチョンと軽く3～4回シャクると、ピョンピョンピョンと左右に横っ飛びする。この横の動きをダートといい、アオリイカの活性を高めて食い気を促す効果がある。つまり誘いである。しかも、ロッドをチョンチョンと動かしても手前に寄らず、沖で何度も誘えるため釣りの効率が非常によく、偏光グラス越しに興奮したアオリイカが餌木を抱く瞬間が丸見えということも多い。

ロッド操作に対して餌木が思ったようにダートしてくれないときは（ダートしないタイプの餌木もあるので注意）、ラインの張りすぎであることが多い。ラインをピンと張った状態からいくら鋭くシャクっても餌木は手前に来てしまう。しかし、充分にラインをフケさせた状態からシャクると

おすすめ キャンプ飯

病みつきになる辛さと旨さ

アオリイカのアラビアータパスタ

ニンニクとトマトとオリーブオイルと魚介類の相性はいいが、とりわけアオリイカとは抜群である。

材料

アオリイカ、グリーンアスパラガス、ペンネなどのショートパスタ、アラビアータソース（トマトの水煮1缶、ニンニクのみじん切り1片、オリーブオイル大さじ2、パセリのみじん切り大さじ2、鷹の爪の小口切り1本、塩コショウ適宜、砂糖小さじ1）、仕上げ用パセリのみじん切りと粉チーズ

作り方

①アオリイカの身は幅1～1.5㎝、長さ4～5㎝の短冊切り。グリーンアスパラガスは固ゆでにし、長さをそろえる。ペンネはソースができる時間を逆算し、粗塩大さじ1～2を入れた湯でゆで始め、指定時間よりも1分間早めの固ゆでがよい

②アラビアータソースはまず、フライパンにオリーブオイルとニンニクを入れて火を付け、弱火で鷹の爪、パセリの順に加える

③ニンニクが薄く色付いたらトマトの水煮を注いで塩こしょう。4～5分煮込んでソースにとろみが付いた段階でアオリイカとアスパラガスを加え、もう一度塩こしょうで味を整える

④ソースが煮詰まりすぎた時はパスタのゆで汁少々で調節するのがキ　ポイント

⑤アオリイカに火が通ったらゆで上がったパスタを加える

⑥仕上げにオリーブオイル大さじ1を垂らし、ソースに馴染ませる。器に盛ってパセリを散らし、好みで粉チーズを振る

横っ飛びする。これをリズムよく繰り返すと「右、左、右、左」と交互にダートするので、まずはこの動きが見やすい浅場でよく練習するとよい。

ただし、アオリイカが餌木を最終的に抱くのはダートで誘って興奮させたあと。ロッドやラインを全く動かさず、餌木の重みでゆっくりと斜め前方に沈んでいるときに抱き着いてくるのが大半。そのため、誘いのあとでアオリイカが餌木に近づいてきたら、不用意に餌木を動かしてはいけない。

海面に浮いていたPEラインが「スッ！」と引き込まれたり、まだ着底するはずもないの「フッ」と緩むことでアタリと分かる。また、ラインを張っていればティップにも「コンッ」とか「フッ」というアタリを感じたら、素早くロッドを立ててアワセを入れる。良型であればまるで魚のように「ジージー」とドラグを引き出していくから、引きを存分に味わいながらゆっくりと寄せよう。

早朝のサーフで弓ヅノにヒットしたマルソウダ。夏のキャンプで早起きしてねらうのもアリ！

1 日中や夕方も釣れるがナブラが沿岸近くに立ちやすいのは圧倒的に早朝。堤防や磯でもねらえるが、遊泳禁止のサーフなどは夏に毎朝のようにナブラが立ちやすい　2 手のひらサイズのメッキ（写真はカスミアジの若魚）はまさに小型回遊魚　3 50㎝クラスの青ものが出る実績場ならタックルもワンランク上のものが必要（写真はヒラマサの若魚）　4 弓ヅノを使うなら投げ釣りタックルを用いる。ソウダガツオだけではなく回遊魚全般に効く

小型回遊魚

大興奮のナブラ撃ちゲーム

小型回遊魚ってどんな魚？

分布や特徴は？

一般的には高水温期に沿岸部を回遊する青ものの若魚のことを差し、ブリの若魚であるワカシやイナダ、カンパチの若魚であるショゴ、ネリゴ、そのほかサバやソウダガツオ、メッキと呼ばれるヒラアジの若魚、サワラの若魚であるサゴシなどの総称。

広く日本沿岸に生息するが、おもに初夏から秋の高水温期に釣れることが多い。最近は温暖化の影響で初冬でもまだまだ水温が高く、エサとなる小魚の回遊さえあれば年内いっぱい釣れるところも増えている。

大きさは？

成魚は１ｍを超すような魚も多いが、あくまでも若い小型の回遊魚に限定しているため、30 ～ 50㎝が中心と考えてよい。それでもパワーのある魚が多いので、50㎝近くになるとヤワなタックルでは厳しくなる。

釣期はいつ？

エリアにもよるが、概ね 7 ～ 10 月がハイシーズン。圧倒的に早朝がチャンスで、太陽が沈んでいる夜間はほとんど釣れないが、朝日が昇った瞬間からチャンスを迎える。

どこで釣れるの？

定期的にナブラが立ちやすいところ。ナブラとは肉食魚に追われた小魚の群れが逃げ場を失って海面で逃げ惑うときにできる波紋。岸近くからドン深のサーフなどは小魚を追い込みやすいことから連日のように早朝にナブラが立つ。同じように小魚が集まるような港湾部、磯も有望。

小型回遊魚を釣ってみよう

ルアー釣り

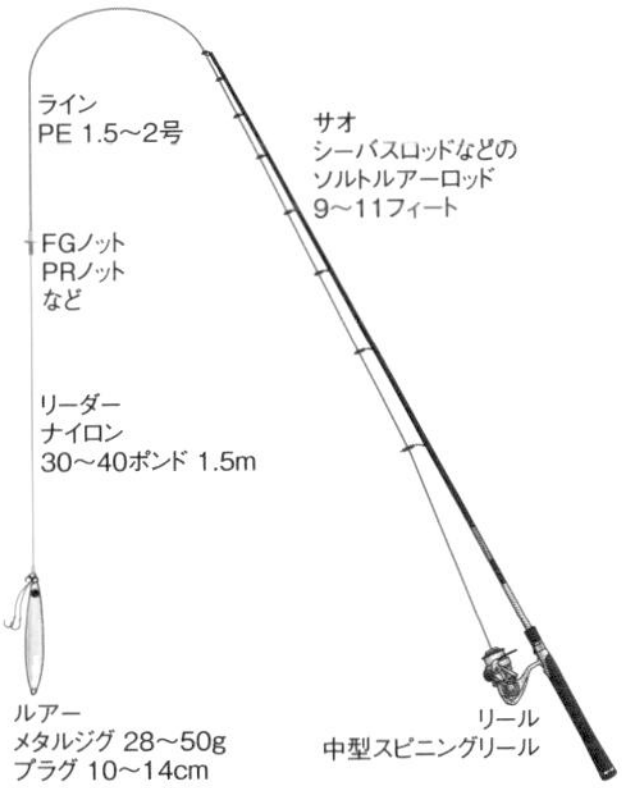

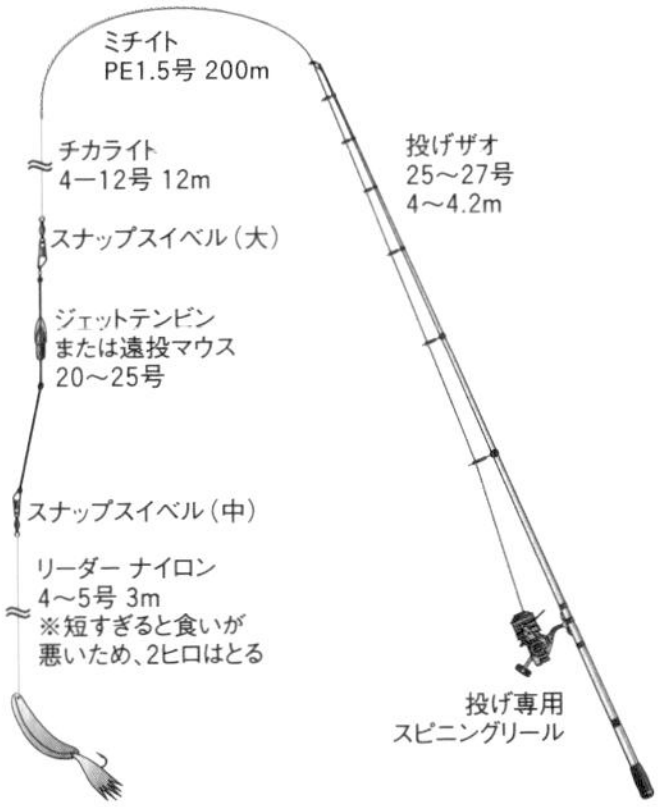

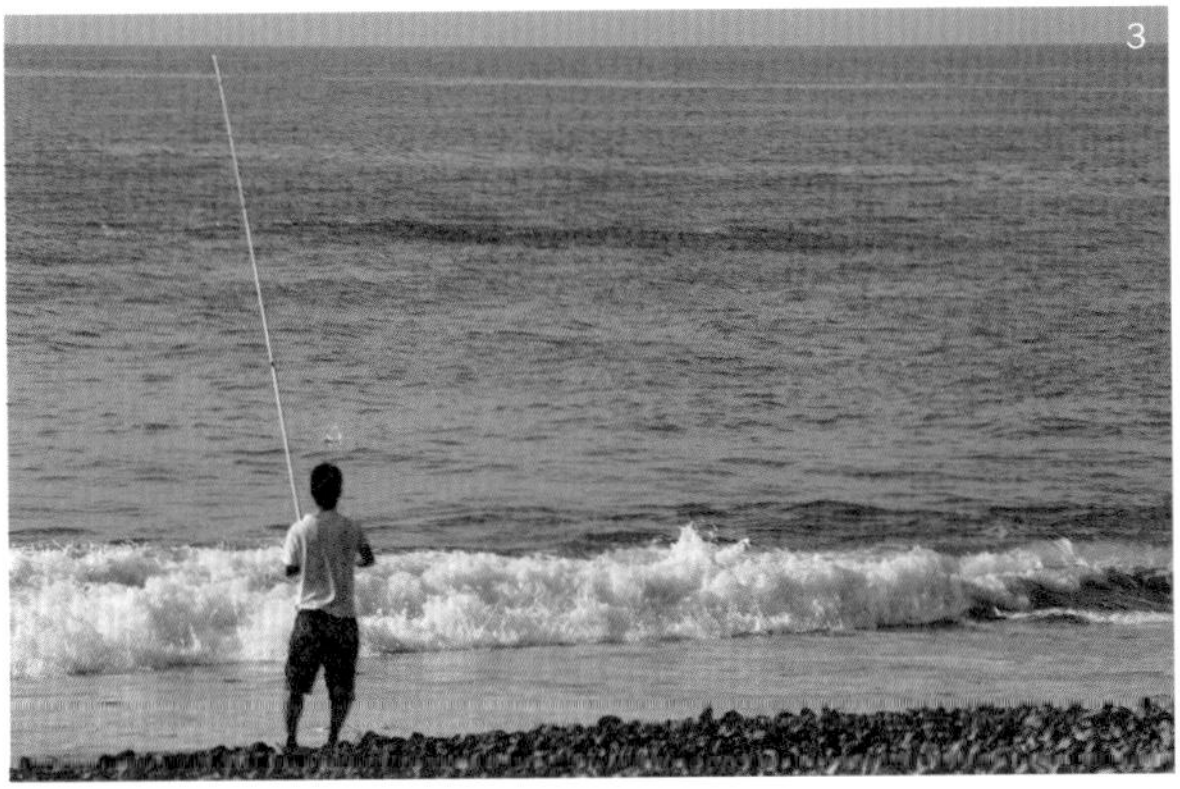

1 弓ヅノは地元の釣具店さんのオススメを揃えるのが無難　2 マルソウダのナブラはルアーで釣るとかなり難しいが弓ヅノだと一発でヒットすることがある　3 ナブラの進行方向に向かってキャストをするのがキモ　4 ショアジギングロッドと中型スピニングリールの組み合わせ

オススメの釣り方は？

いずれも小魚を追い回すフィッシュイーターが相手になるのでルアー釣りが合う。メタルジグなどを使ったルアー釣りと、和製ルアーである弓ヅノを使った釣り。どちらもオススメだ。

オススメのタックルは？

シーバスロッド、ショアジギングロッドを使った釣りが一般的。図のタックルや50cmオーバーのイナダやカツオなども想定した、やや強めのパワータックル。ワカシやソウダガツオならPEラインは0・8号、リーダーも20ポンドまで細くしたほうが飛距離も伸びて使いやすい。メッキが相手ならPEラインは0・5号以下、リーダーも8ポンド程度でよい。

弓ヅノはそれ自体に重みがないためジェットテンビンや遠投マウスと呼ばれる飛ばしウキを使う。そのためルアータックルよりも投げ釣りタックルがマッチする（図参照）。

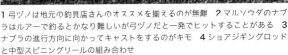

マサバやゴマサバも30㎝以上なら面白いターゲットになる

カツオなども回遊する磯ではペンシルベイトやポッパーなどのプラグも使う

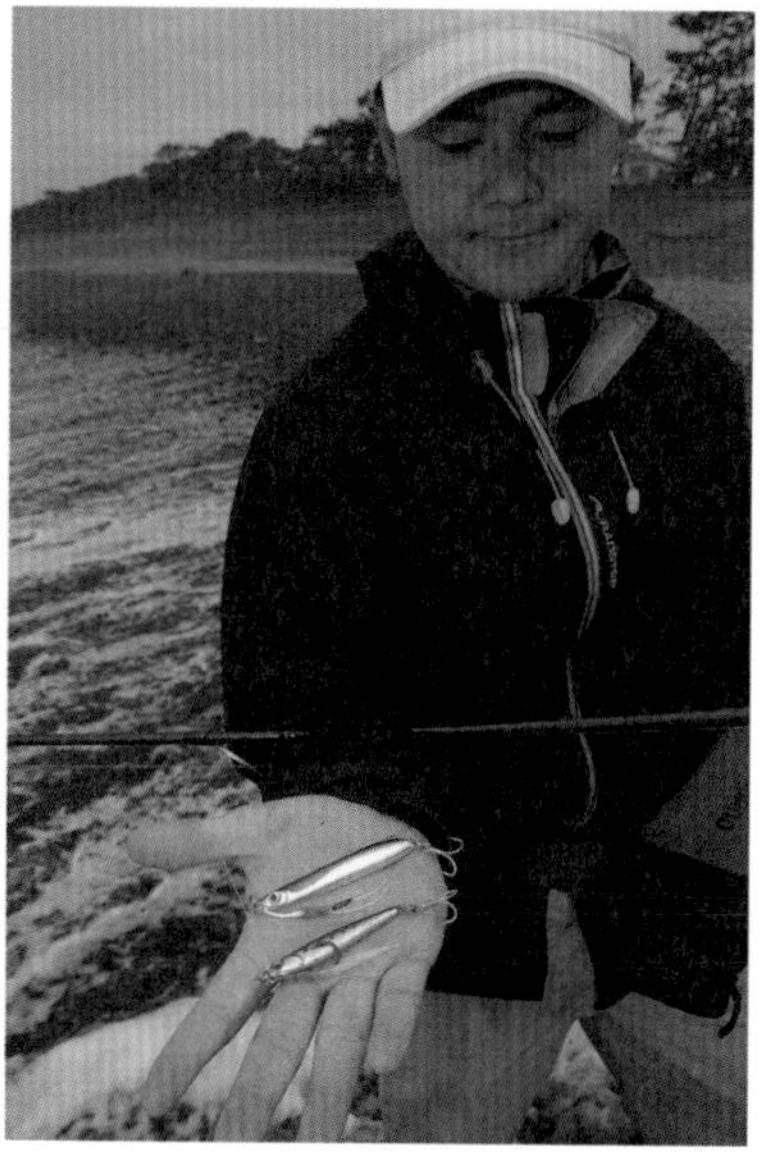

飛距離が稼げるメタルジグ。14ｇ前後の出番が多いのはベイトフィッシュのサイズに近いから

こうすれば釣れる！

ルアータックルであればメインで使用するルアーはメタルジグ。14～28ｇをメインに、離島などでわりと良型が期待できるところでは50ｇまで用意したい。プラグは遠投しやすいダイビングペンシルやポッパーなど表層系の出番が多い。

ブリ、カンパチ、ヒラマサといった青もの御三家に対しては若魚でもルアーへの反応がいいのだが、ひと回り小さいソウダガツオ（ヒラソウダとマルソウダを合わせてソウダガツオと呼ぶことが多い）は小魚よりも小さなシラスを捕食していることが多く、そのような状況下では弓ヅノが強い。キャスト後はメタルジグの釣りと同様に表層から中層を速引きする。

夏の早朝のサーフは青ものが回遊する可能性が高いが、どちらかといえば遊泳禁止になっているドン深のサーフ、危険な離岸流が発生しやすいサーフが有望だ。日の出に行くのでは遅い。日の出前には釣り場に着いて、日の出と同時にキャストしたい。ナブラを見つけらたら、その進行方向の先へキャストするのが鉄則だ。

あっさりワカシが
濃厚なおつまみに

ワカシの韓国風ユッケ

脂の乗りがイマイチの若魚でもゴマ油とキムチのパワーで食べ応え満点。

材料

ワカシ、青ネギ、キュウリ、ミョウガ、大葉など好みの香味野菜、ニンニク、白菜キムチ、しょう油、ゴマ油、ウズラの卵

作り方

①ワカシは基本の３枚おろしにさばく
②腹骨をすき取る
③背身と腹身の接合部に並ぶ血合骨を骨抜きで抜き取る
④皮を引いた身を粗く刻んでタタキ状にする
⑤香味野菜類もそれぞれ切っておく
⑥叩いた身に白菜キムチのざく切り適量を合わせ、しょう油大サジ１～1.5、ゴマ油大サジ２で調味してざっくりと混ぜ合わせる。器にキュウリの千切りを敷いて盛り付け、ウズラの卵を落とす。食べる時に全部をかき回す

①

②

③

④

⑤

⑥

サオとの結び

8の字結びのチチワ & ぶしょう付け

ノベザオなど、リリアン穂先へミチイトと接続するための結び。まずミチイトの先に8の字結びで大小のチチワを作り、ぶしょう付けで接続する。

ぶしょう付け

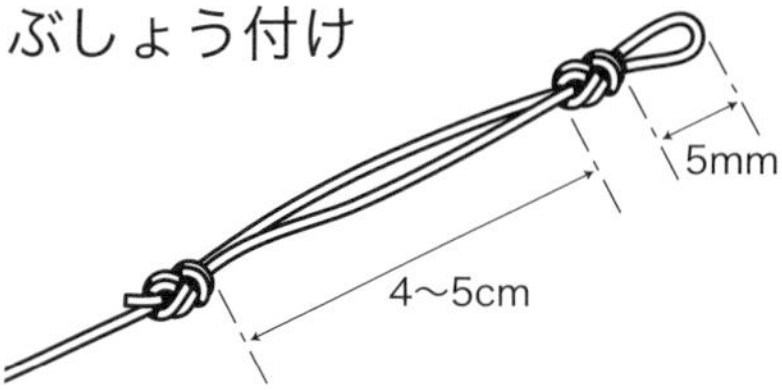

① 引きほどき用とチチワ止め用の大小2つのチチワを作る

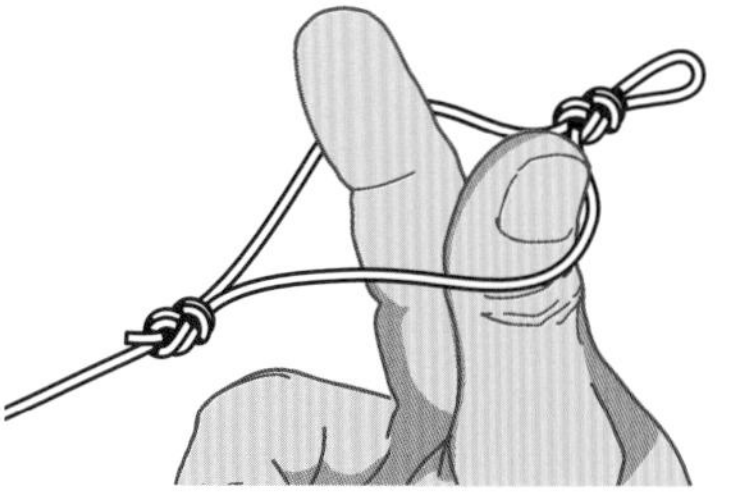

② 大きな輪の中に親指と人差し指を差し込んで2本の中心イトをくくり取る

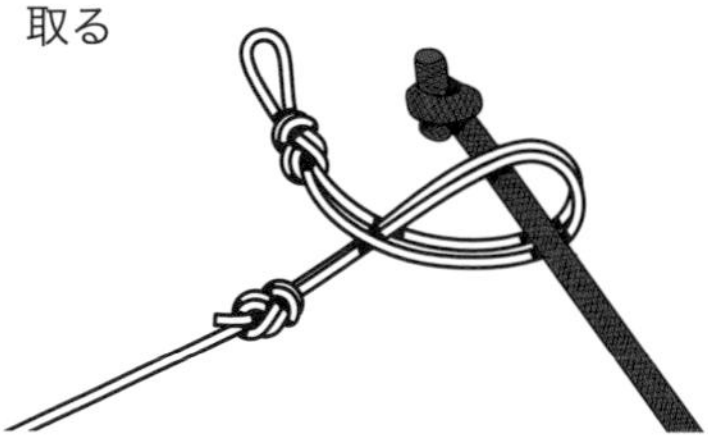

③ リリアン穂先に通す。ここでイトを引き絞って止めれば普通のぶしょう付け完成

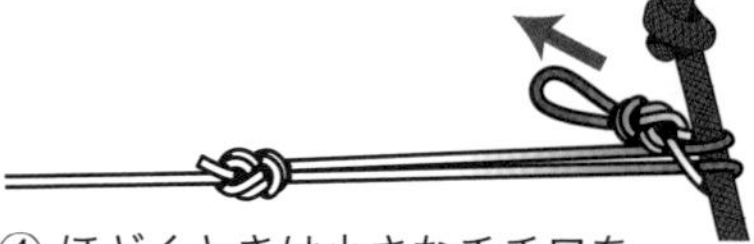

④ ほどくときは小さなチチワを引っ張ればよい

8の字結びのチチワ

① ミチイトを折り返す

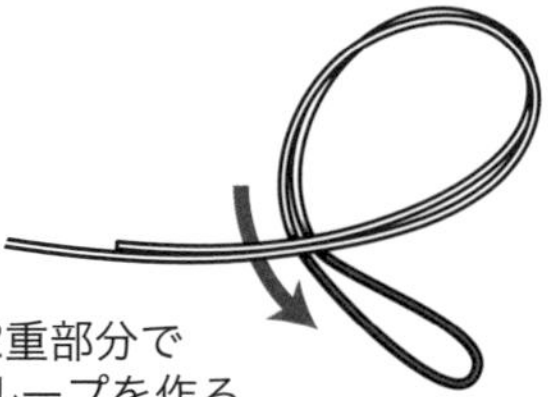

② 2重部分でループを作る

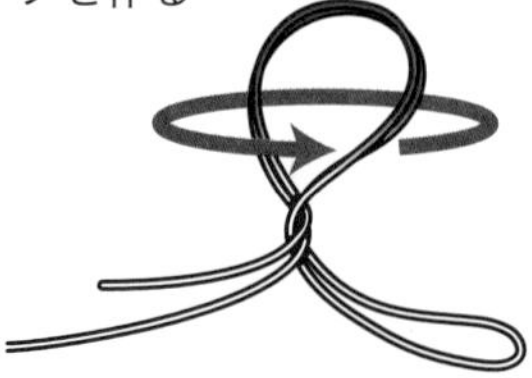

③ ループを1回ひねって輪を作る

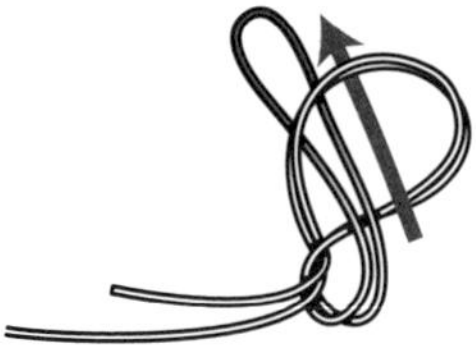

④ ひねったループの中に折り返し部分を通す

⑤ 結び目をゆっくりと締め込む

⑥ 余りを切れば完成

電車結び

最も簡単なイト同士の接続法だ。
ウキ止めの結び（下図）にも応用される。

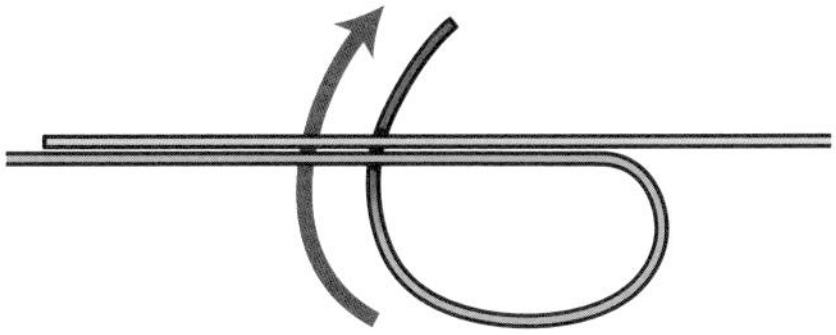

① イト同士を重ねて、一方の端イトで図のように輪を作る

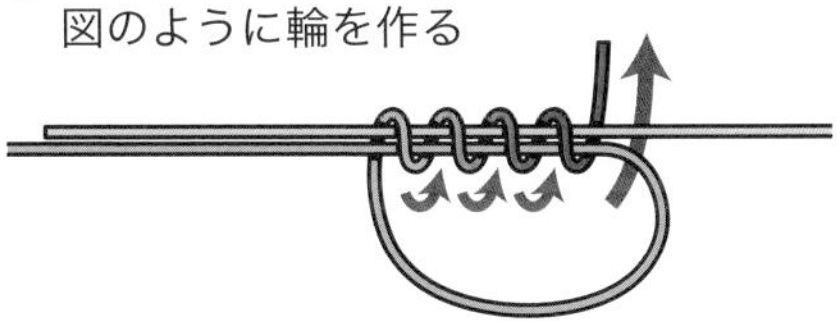

② 輪の中に端イトを通し、3～5回通す

③ 左側の端イトと本線イトをゆっくり引き締めて結び目を作る

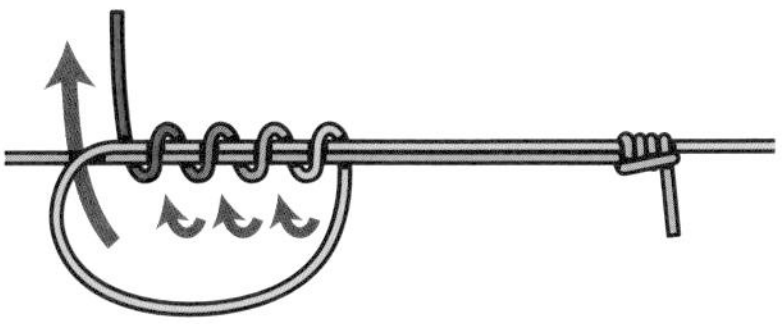

④ もう一方のイトも、同様に結ぶ

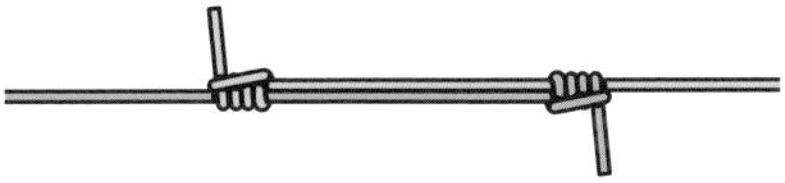

⑤ 結び目が2つできた状態

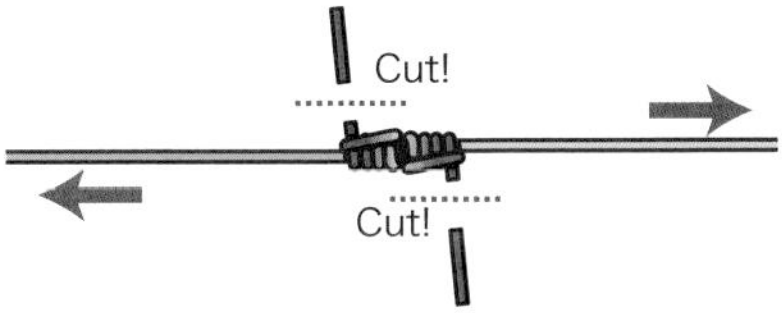
Cut!
Cut!

⑥ 左右の本線イトをゆっくり引き締めて結び目を1つにする。最後に余りを切れば完成

ウキ止メ糸の結び方（電車結び）

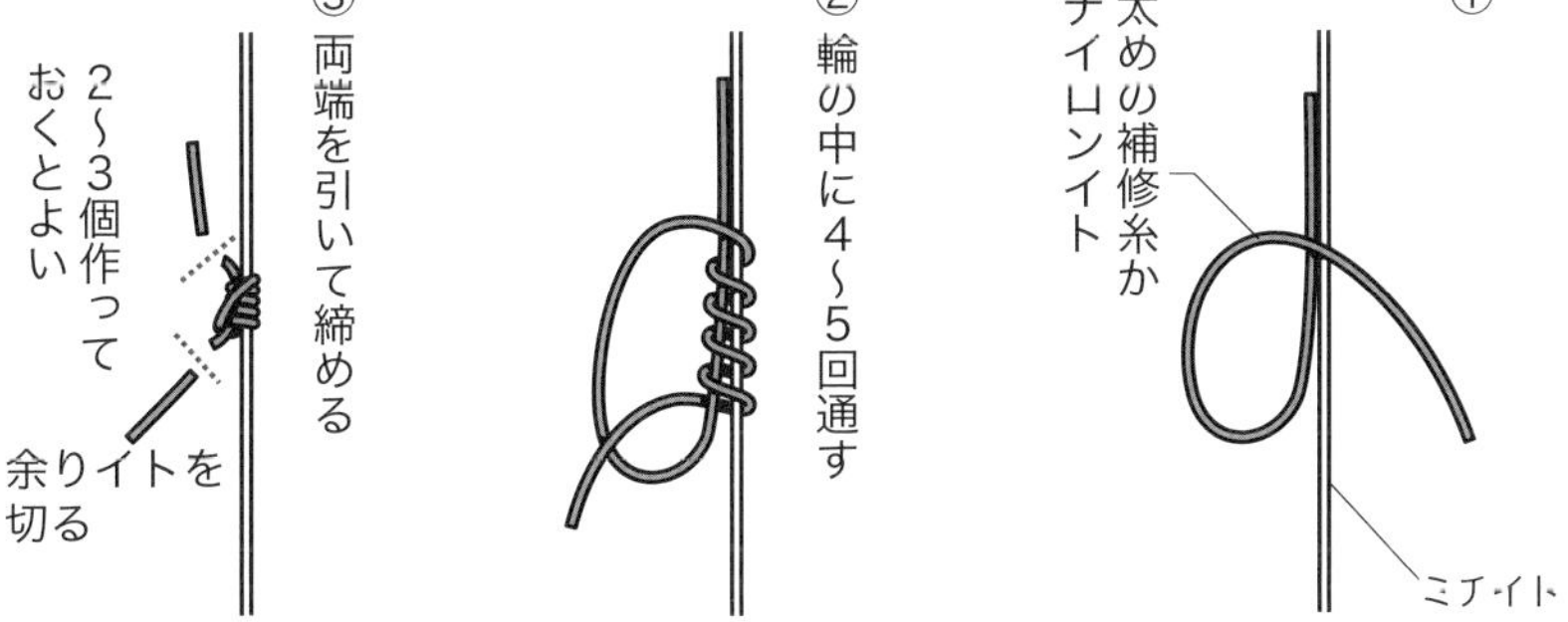
①
太めの補修糸かナイロンイト
ミチイト
②
輪の中に4～5回通す
③
両端を引いて締める
2～3個作っておくとよい
余りイトを切る

イトとイトの結び

枝スの出し方

8の字結びを応用した方法。簡単でしかも強度も得られる。
枝スを出す以外にモトスと先ハリスを結ぶのにも利用できる。

枝スの修復

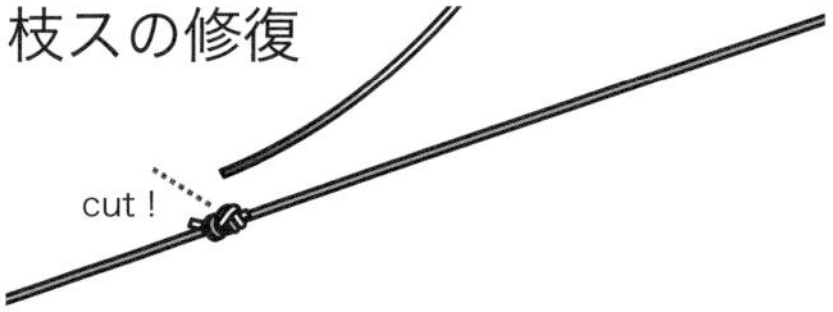

① ハリがなくなった枝スを結び目ギリギリでカット

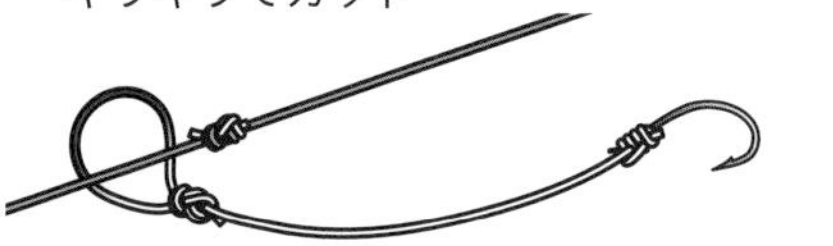

② イト付きバリの先端に8の字結びでチチワを作る

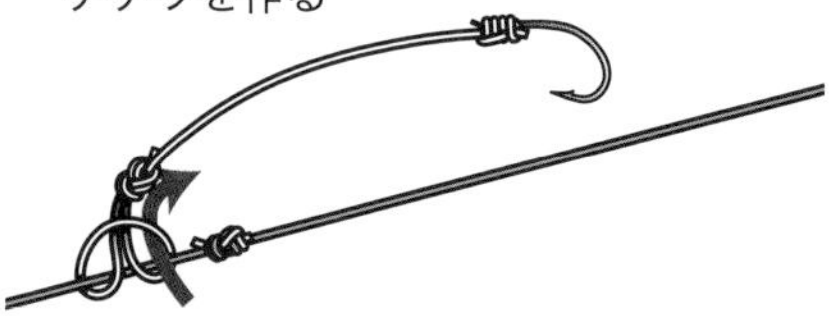

③ 結びコブの下側でチチワに枝スを通す

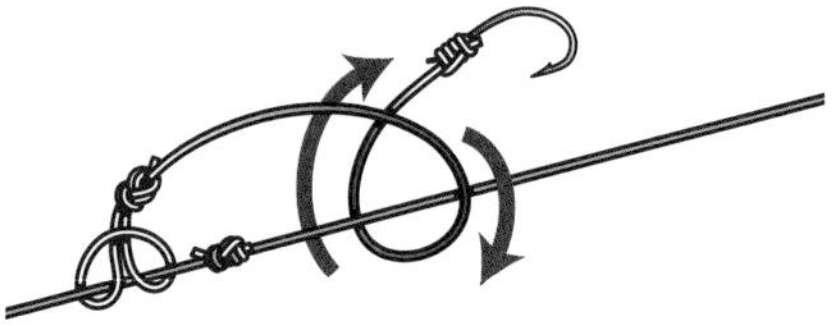

④ 結び目の上側に枝スを図のように回す

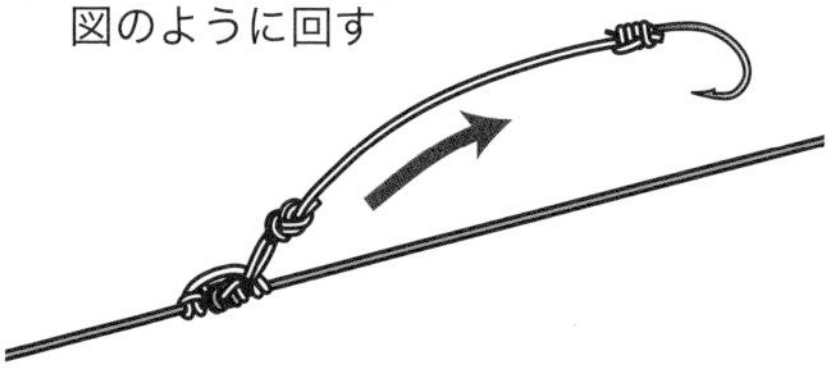

⑤ 枝スをゆっくり引いて結び目を挟み込むようにしっかり締め込んで完成

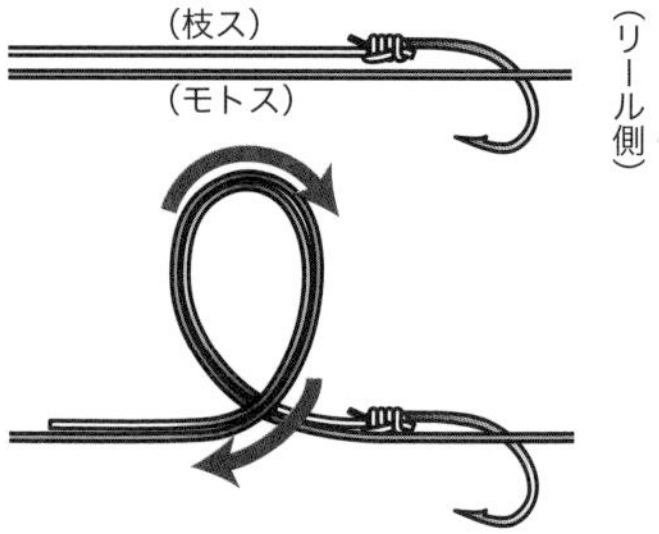

① 枝スと幹イトを重ねて輪を作る

② 付け根を押さえて輪をひねる

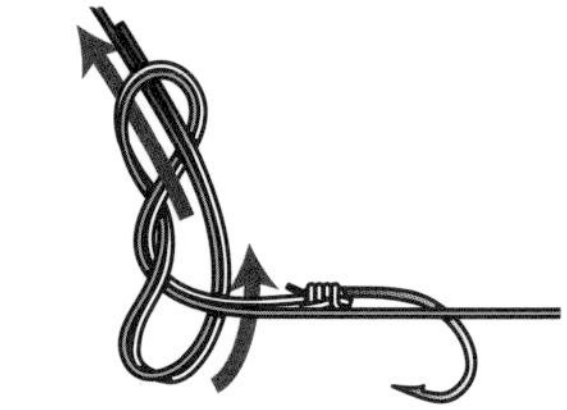

③ 先端の輪に両方のイトを通す

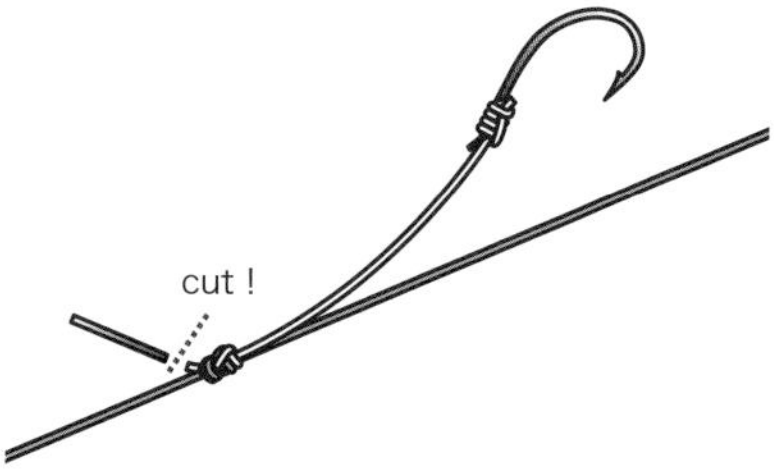

④ 各イトをゆっくりと引き締め、余りをカットして完成

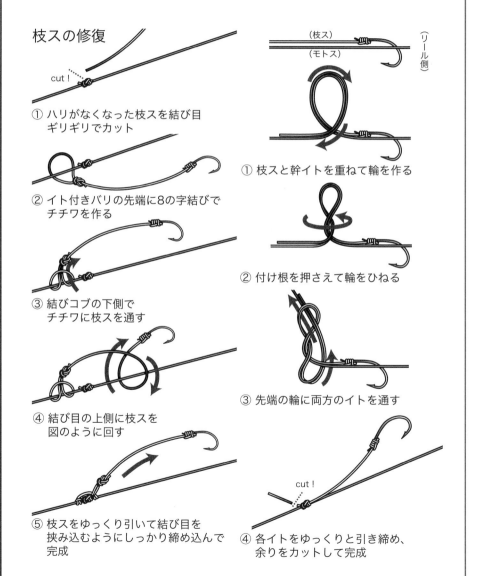

ダブルクリンチノット

簡単かつスピーディーに行なえる結び方。接続具の環にイトを二度くぐらせる。一度しかくぐらせないものは単にクリンチノットという。

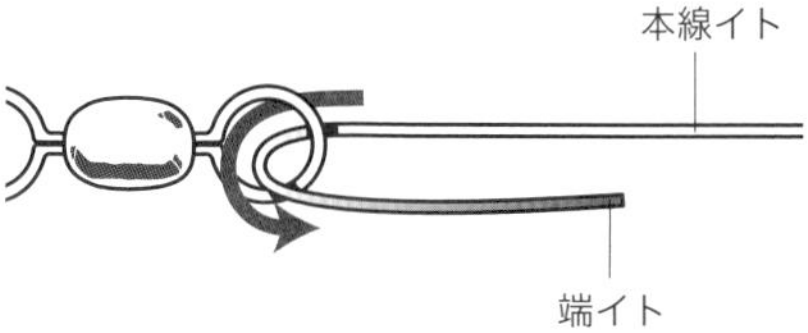

① 図のようにイトを通す

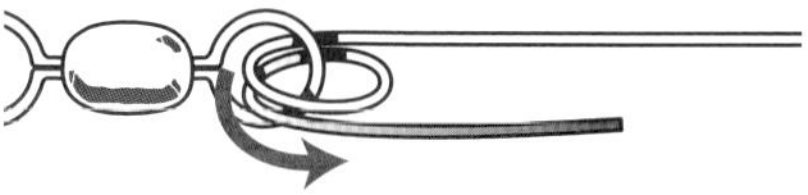

② さらにもう一度イトを通す

③ 端イトを本線イトに3回ほど巻きつける

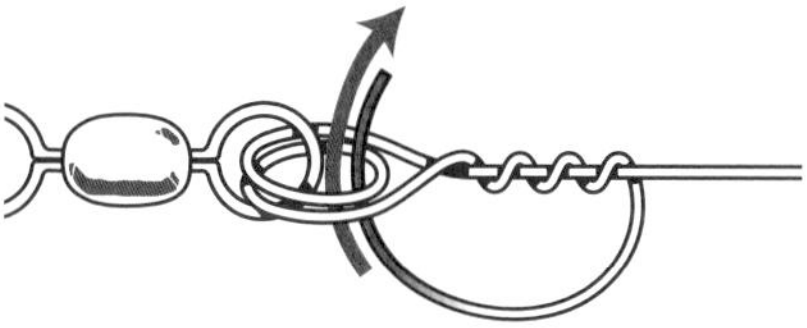

④ 2つの輪に端イトを通す

⑤ 端イトを折り返すように④でできた輪に通す

⑥ 本線イトと端イトを引き締め、余りを切れば完成

接続具との結び

ユニノット

クリンチノットと並んでポピュラーで、ルアーのアイへの結びにも多用される。
さまざまなジャンルの釣りで活用されている。

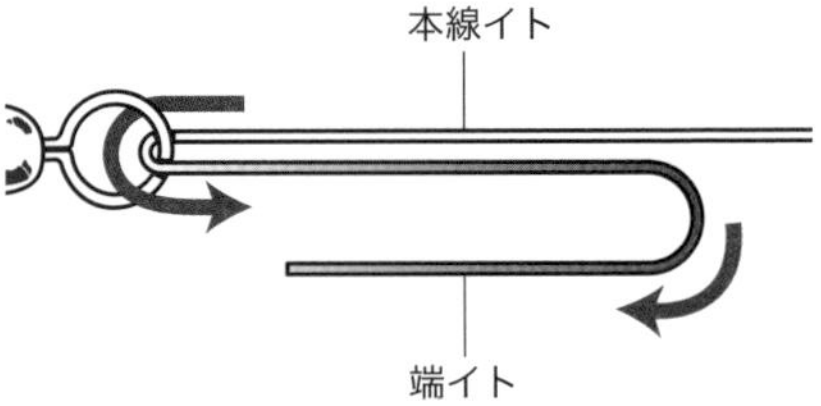

① 図のようにイトを通し、
端イトを折り返す

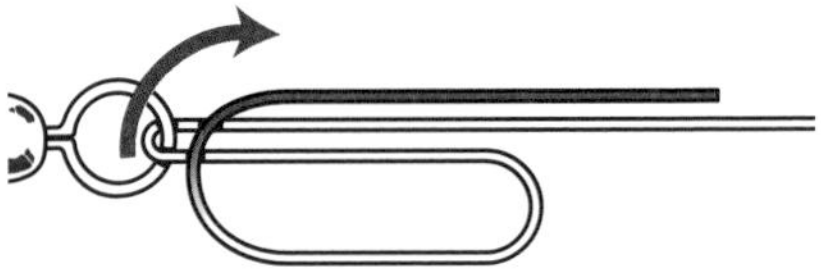

② 2本のイトに端イトを
交差させて輪を作る

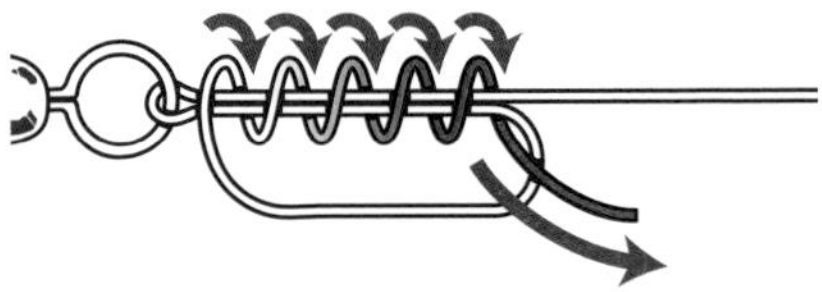

③ 本線イトと端イトの輪に
5回前後巻きつけていく

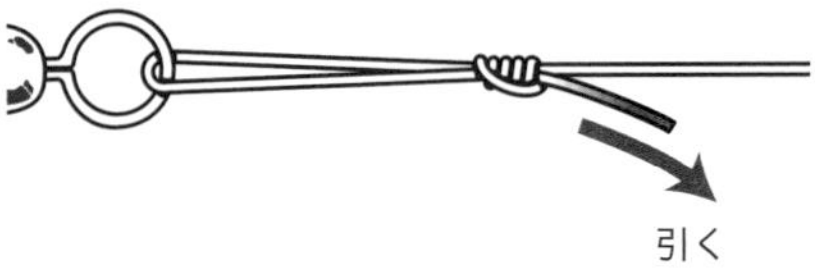

④ 端イトを軽く引き締めて
結び目を作る

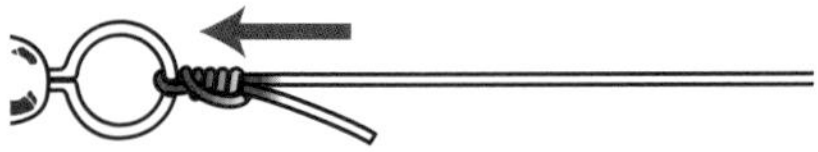

⑤ 本線イトをゆっくり引き締めて
結び目を移動&固定する

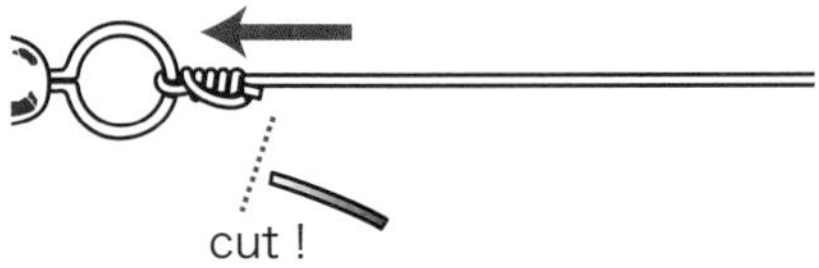

⑥ 余りを切れば完成

ハリとの結び

外掛け結び

外掛け結びはハリを結ぶための基本。簡単に高い結節強度が得られる。作りやすく覚えやすいのでビギナーにもおススメ。

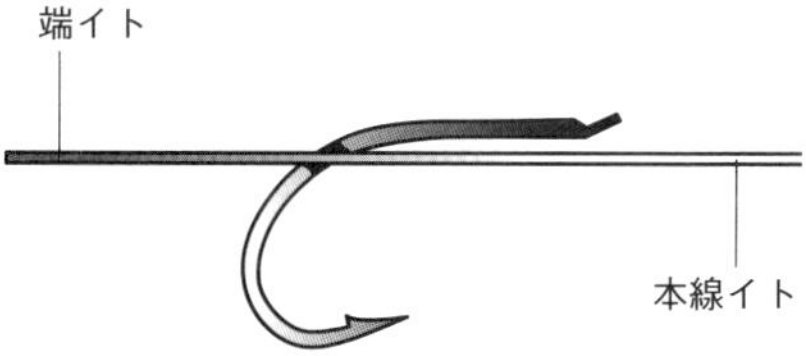

① イトをハリ軸に当てる

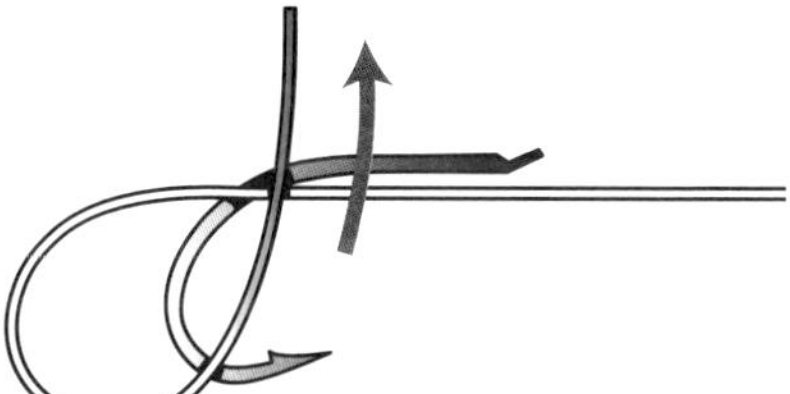

② 端イトで図のように小さな輪を作り、ハリに当ててからしっかり押さえる

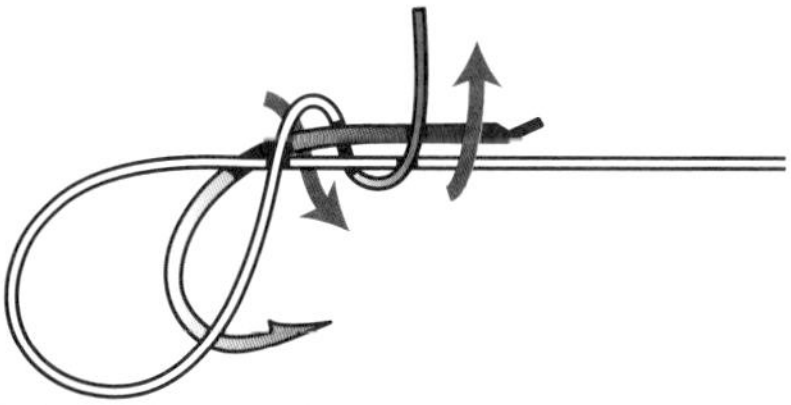

③ 輪をしっかり押さえたまま、端イトをハリ軸と本線イトに巻きつけていく。本線イトを張った状態で行なわないと、本線イトがハリ軸からは外れたり回り込んだりすることがあるので注意

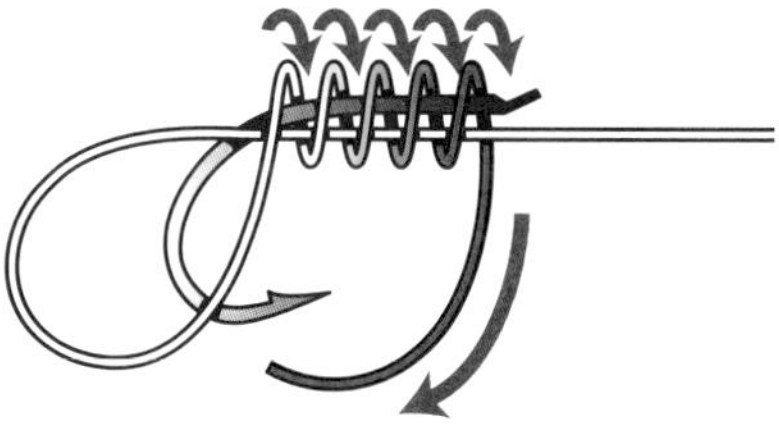

④ 巻く回数は4～6回

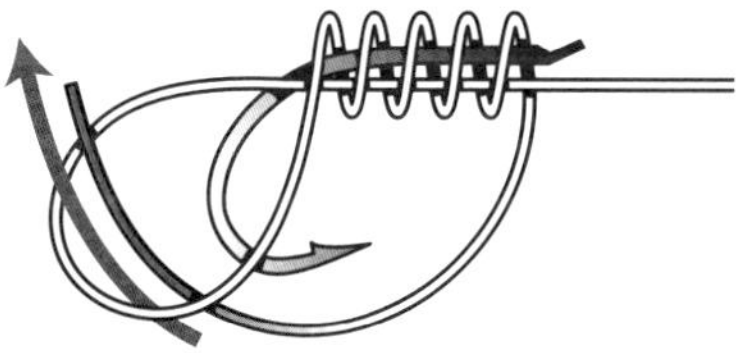

⑤ 端イトを折り返して②で作っておいた輪に通す

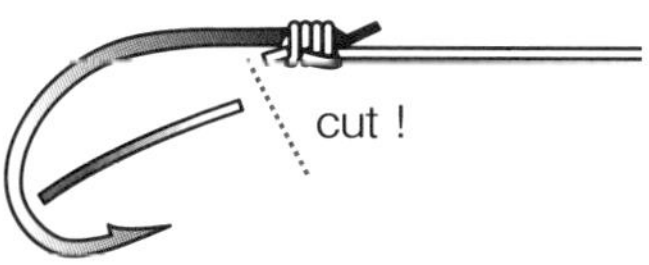

⑥ 本線イトをゆっくりと引き締め、端イトも締める。一度仮止めの状態から、本線イトがハリ軸（チモト）の内側から出るように調整し、しっかりと締める。余分なイトを切れば完成

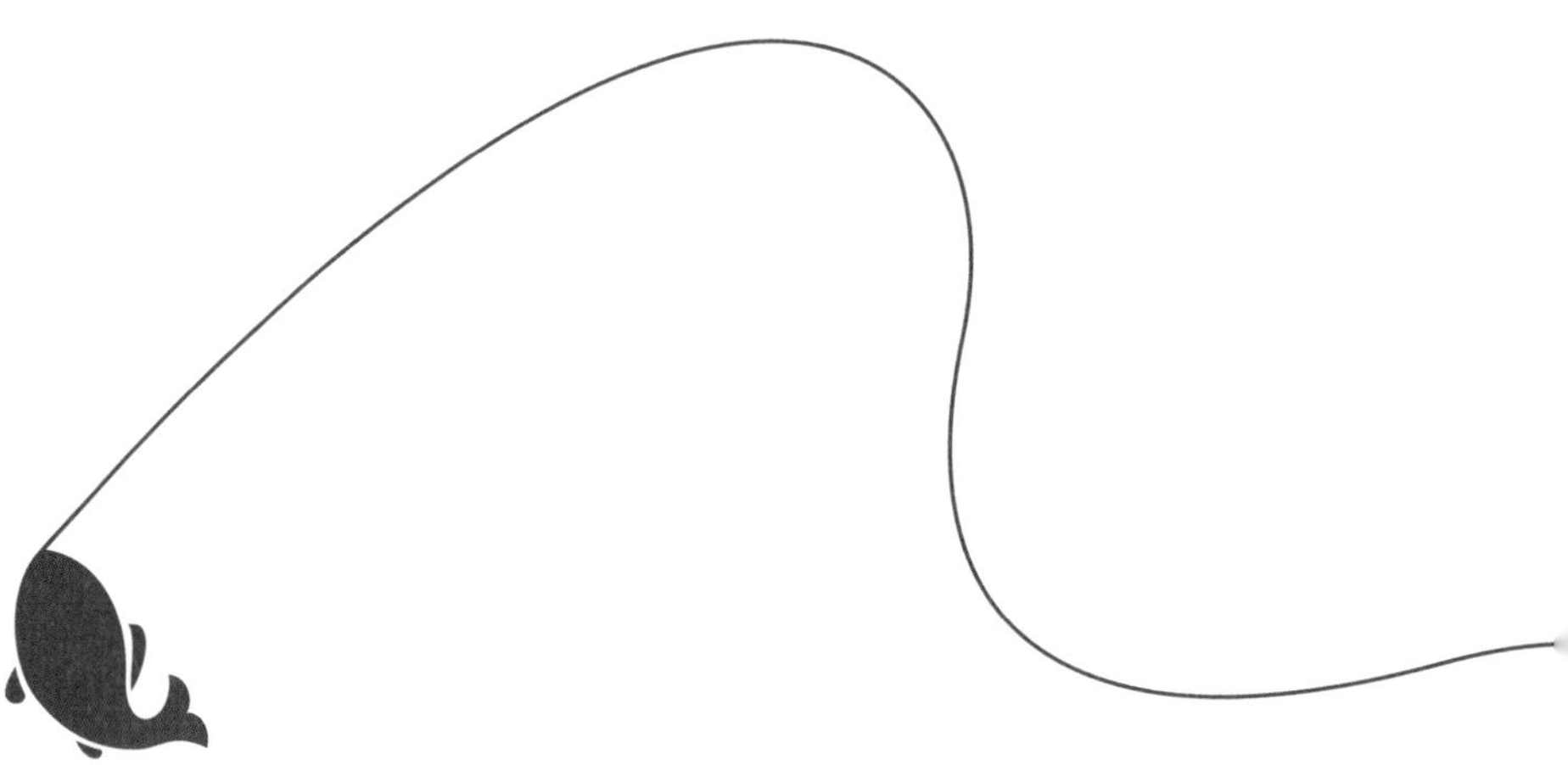

キャンプと楽《たの》しむ釣《つ》り入門《にゅうもん》

2021年3月　1日発行
2021年3月31日第2刷発行

編　者　つり人社書籍編集部
発行者　山根和明
発行所　株式会社つり人社

〒101-8408　東京都千代田区神田神保町1-30-13
TEL 03-3294-0781（営業部）
TEL 03-3294-0766（編集部）
印刷・製本　図書印刷株式会社

乱丁、落丁などありましたらお取り替えいたします。

ISBN978-4-86447-363-7 C2075
つり人社ホームページ　https://www.tsuribito.co.jp/
つり人オンライン https://web.tsuribito.co.jp/
釣り人道具店　http://tsuribito-dougu.com/
つり人チャンネル（You Tube）
https://www.youtube.com/channel/UCOsyeHNb_Y2VOHqEiV-6dGQ